Noveller på Tjeckiska

Korta berättelser på Tjeckiska för nybörjare och elever på mellanstadiet

Adam Svoboda

greenthumbpublishing@gmail.com

Innehåll

Introduktion

Att läsa på ett främmande språk är ett av de mest effektiva sätten att förbättra språkkunskaperna och utöka ordförrådet. Det kan dock ibland vara svårt att hitta engagerande läsmaterial på en lämplig nivå som ger en känsla av prestation och framsteg. De flesta böcker och artiklar som är skrivna för modersmålstalare kan vara för långa och svåra att förstå eller ha ett ordförråd på mycket hög nivå så att du känner dig överväldigad och ger upp. Om dessa problem låter bekanta är den här boken något för dig!

Noveller på Tjeckiska är en samling av 25 okonventionella och underhållande noveller som är utformade för att hjälpa nybörjare och elever på mellannivå Tjeckiska att förbättra sina språkkunskaper.

Dessa noveller skapar en stödjande läsmiljö genom att innehålla:

- Ett rikt språkligt innehåll i olika genrer som underhåller dig och ger dig en mängd olika ordformer.
- Kortare berättelser i kapitel för att ge dig nöjet att avsluta berättelser och göra snabba framsteg.
- Texter som är skrivna på din nivå så att de är lättare att förstå och inte överväldigande.
- Svensk översättning på växlande sidor, så att du kan läsa den rad för rad när du läser berättelsen Tjeckiska.
- Nyckelord är tryckta i fetstil i berättelsen och översättningen för att hjälpa dig att lättare förstå okända ord.
- Förståelsefrågor för att testa din förståelse av viktiga händelser och för att uppmuntra dig att läsa mer i detalj.

Oavsett om du vill utöka ditt ordförråd, förbättra din förståelse eller bara läsa för skojs skull är den här boken det största steget framåt du kan ta i dina studier i år. Noveller på Tjeckiska ger dig allt stöd du behöver, så luta dig tillbaka, slappna av och låt fantasin flöda när du förflyttas till en magisk värld av äventyr, mysterier och intriger - på Tjeckiska!

Hur du använder den här boken

Läsning är en svår talang att bemästra. Vi använder en rad mikrofärdigheter för att hjälpa oss att läsa på våra modersmål. Vi kan till exempel skumma ett avsnitt för att få en grov förståelse, eller en kontentan, av vad det handlar om. Vi kan också kamma igenom många sidor i en tågplan för att hitta en viss tid eller plats. Medan dessa mikrofärdigheter är en självklarhet när vi läser på våra modersmål, visar forskning att vi ofta glömmer de flesta av dem när vi läser på ett främmande språk. När vi lär oss ett främmande språk börjar vi vanligtvis i början av en text och arbetar oss igenom den och försöker förstå varje enskilt ord. Det är oundvikligt att vi stöter på obekanta eller komplicerade termer och blir irriterade över vår oförmåga att förstå dem.

En av de största fördelarna med att läsa på ett främmande språk är att du får tillgång till ett stort antal fraser och uttryck som används i vardagliga situationer. Extensiv läsning är en term som används för att beskriva läsning för nöjes skull för att lära sig ett språk. Det är inte som att läsa en lärobok, då konversationer eller texter är utformade för att läsas långsamt och noggrant med målet att förstå varje ord. "Intensiv läsning" avser läsning som görs för att uppnå specifika inlärningsmål eller slutföra uppgifter. För att uttrycka det på ett annat sätt: grundlig läsning i läroböcker hjälper vanligtvis till att lära sig grammatiska regler och särskilt ordförråd, men omfattande läsning av berättelser hjälper till att lära sig det naturliga språket.

Noveller på Tjeckiska ger dig möjligheter att lära dig

mer om det naturliga Tjeckiska språket i bruk, även om du kanske har börjat din språkinlärningsresa med enbart läroböcker. Här är några tips att tänka på när du läser berättelserna i den här boken för att få ut så mycket som möjligt av dem: När det gäller läsning är nöje och en känsla av att ha uppnått något avgörande. Du fortsätter att komma tillbaka för mer eftersom du tycker om det du läser. Att läsa varje berättelse från början till slut är den bästa metoden för att njuta av att läsa berättelser och känna sig fulländad. Följaktligen är det mest avgörande att komma till slutet av en berättelse. Det är faktiskt mer avgörande än att kunna varje enskilt ord.

Ju mer du läser, desto mer kunskap får du. Om du läser större böcker för nöjes skull kommer du snabbt att få kunskap om hur Tjeckiska fungerar. Tänk dock på att för att få alla fördelar av omfattande läsning måste du först läsa en tillräckligt stor volym. Om du läser några sidor här och där kan du kanske lära dig några nya ord, men det kommer inte att göra någon större skillnad i din totala nivå av Tjeckiska.

Acceptera att du inte kommer att förstå allt du läser i en roman. Detta är utan tvekan den viktigaste punkten! Kom alltid ihåg att det är helt acceptabelt att inte förstå alla ord eller meningar. Det innebär inte att dina språkkunskaper är otillräckliga eller att du presterar dåligt. Det tyder på att du aktivt deltar i inlärningsprocessen.

Läsguide

För att få ut så mycket som möjligt av att läsa Noveller på Tjeckiska är det bäst om du följer denna enkla läsprocess i sex steg för varje kapitel i berättelserna:

1. Läs kapitlets titel. Tänk på vad berättelsen kan handla om. Läs sedan berättelsen hela vägen igenom. Ditt mål är helt enkelt att nå slutet av berättelsen. Stanna därför inte upp för att slå upp ord och oroa dig inte om det finns saker som du inte förstår. Försök helt enkelt att följa handlingen.

2. När du når slutet av berättelsen ska du skanna den svenska översättningen för att se om du har förstått vad som har hänt och ta upp eventuella sammanhang som du kan ha missat.

3. Gå tillbaka och läs samma berättelse igen. Om du vill kan du fokusera mer på berättelsens detaljer än tidigare, men annars är det bara att läsa igenom den en gång till.

4. Arbeta sedan igenom förståelsefrågorna i Tjeckiska för att kontrollera din förståelse av viktiga händelser i berättelsen. Om du inte förstår frågorna helt och hållet ska du inte oroa dig. Använd dina kunskaper för att svara så gott du kan.

5. Vid det här laget bör du ha en viss förståelse för de viktigaste händelserna i kapitlet. Om inte kan du läsa om kapitlet några gånger med hjälp av översättningen för att kontrollera okända ord och fraser tills du känner dig säker.

När du är redo och säker på att du förstår vad som har

hänt - oavsett om det är efter en eller flera läsningar av berättelsen - går du vidare till nästa berättelse och fortsätter att njuta av berättelsen i din egen takt, precis som du skulle göra med vilken annan bok som helst.

Först när du har avslutat en berättelse i sin helhet bör du överväga att gå tillbaka och studera berättelsespråket mer ingående om du vill. Eller i stället för att oroa dig för att förstå allt, ta dig tid att fokusera på allt du har förstått och gratulera dig själv till allt du har gjort.

Noveller på Tjeckiska

Pražský hrad

První, co mě na Pražském hradě zaujalo, byla jeho velikost. Tyčil se nad městem, mohutná **stavba z** kamene a malty. Když jsem procházel branou a vcházel na nádvoří, cítil jsem úctu. Hrad byl jako z pohádky, s věžičkami a věžičkami sahajícími až k **nebi**. Hodiny jsem se toulal po hradě a prozkoumával každé jeho zákoutí. Obdivovala jsem složité kamenické práce, krásné malby na stěnách a nádherný výhled na Prahu z vrcholků **věží**. Když se začalo stmívat, ocitl jsem se před posledními dveřmi vedoucími do něčeho, co vypadalo jako opuštěná část hradu. Zvědavost zvítězila a já prošel **dveřmi** a vstoupil do tmy za nimi.

Pocítil jsem náhlý chlad, jako bych vstoupil na **chladné**, temné místo. Jediné světlo vycházelo ze slabé záře vycházející odněkud z hloubi hradu. Začal jsem kráčet směrem ke světlu a mé kroky se odrážely v prázdnotě kolem mě. Když jsem se přiblížila, viděla jsem, že světlo vychází ze staromódní lampy zavěšené na zdi. Vedle ní byly mírně pootevřené dveře. **Škvírou** ve dveřích jsem viděla další místnost osvětlenou svíčkami. Odstrčil jsem dveře a opatrně vstoupil do místnosti. Vypadalo to na nějakou knihovnu nebo pracovnu, soudě podle všech **polic s knihami, které** lemovaly stěny pokryté prachovými deskami. Přede mnou stál

Prags slott

Det första som slog mig med Pragborgen var dess storlek. Den tornade upp sig över staden, en massiv **struktur** av sten och murbruk. Jag kände en känsla av vördnad när jag gick genom portarna och in på gården. Slottet var som något ur en saga, med sina torn och spiror som sträckte sig upp mot **himlen**. Jag vandrade runt i timmar och utforskade slottets alla hörn och vrår. Jag förundrades över den intrikata stenläggningen, de vackra målningarna på väggarna och den fantastiska utsikten över Prag från toppen av **tornen**. När mörkret började falla befann jag mig framför en sista dörr som ledde in till vad som såg ut som en övergiven del av slottet. Nyfikenheten segrade och jag klev in genom **dörren** och in i mörkret bakom.

Jag kände en plötslig kyla, som om jag hade gått in i ett **kallt** och mörkt rum. Det enda ljuset kom från ett svagt sken som kom från någonstans djupt inne i slottet. Jag började gå mot ljuset, mina fotsteg ekade i tomheten omkring mig. När jag kom närmare kunde jag se att ljuset kom från en gammaldags lampa som hängde på en vägg. Bredvid den fanns det en dörr som var lätt öppnad. Genom **spalten** i dörren kunde jag se ett annat rum som var upplyst av ljus. Jag tryckte upp dörren och gick försiktigt in i rummet. Det verkade vara något slags

velký stůl zavalený papíry a za ním starobyle vypadající **kožené** křeslo. Najednou jsem zaslechl, jak v jednom rohu místnosti někdo prudce zakašlal. Poplašeně jsem se otočil směrem, odkud hluk vycházel, jen abych stanul tváří v tvář nejděsivějšímu **stvoření,** jaké si lze představit. Byla to kostra, ale jiná, než jakou jsem kdy viděl.

Měl na sobě potrhané šaty a dlouhý **černý** plášť. Oči mu ve tmě rudě zářily a ústa měl otevřená v tichém výkřiku. Stála jsem jako přimražená strachy, neschopná se pohnout, ba ani vykřiknout. Kostlivec se ke mně začal pomalu přibližovat a jeho **kostnaté** prsty se natahovaly po mém hrdle. Zavřel jsem oči a čekal na konec, ale ten nepřicházel. Když jsem se je odvážila znovu otevřít, kostlivec byl pryč a já se ocitla v místnosti opět sama. Otřesená jsem se vydala zpátky. Když jsem opouštěla **hrad,** nemohla jsem si pomoct, ale cítila jsem, že něco není v pořádku. Na tom místě bylo něco, co ve mně vyvolávalo nepříjemný pocit. Možná to bylo jen proto, že vypadal tak opuštěně a **strašidelně,** nebo se v jeho zdech opravdu skrývá něco zlověstného. Ať tak či onak, jedno jsem věděla jistě: na Pražský hrad se už nikdy nevrátím.

bibliotek eller arbetsrum, att döma av alla **bokhyllor** längs väggarna som var täckta med dammdukar. Framför mig stod ett stort skrivbord som var högt staplat med papper och bakom det stod en gammaldags läderfåtölj. Plötsligt hörde jag någon hosta våldsamt i ett hörn av rummet. Alarmerad vände jag mig om i riktning mot ljudet, bara för att komma ansikte mot ansikte med den mest skrämmande **varelse** man kan tänka sig. Det var ett skelett, men inte som något jag hade sett tidigare.

Den bar trasiga kläder och en lång **svart** kappa. Dess ögon glödde rött i mörkret och dess mun var öppen i ett tyst skrik. Jag stod stel av rädsla, oförmögen att röra mig eller ens skrika. Skelettet började långsamt ta ett steg mot mig, dess **beniga** fingrar sträckte sig mot min hals. Jag blundade mina ögon och väntade på slutet, men det kom aldrig. När jag vågade öppna dem igen var skelettet borta och jag befann mig ensam i rummet igen. Skakad tog jag mig tillbaka. När jag lämnade **slottet** kunde jag inte låta bli att känna att det var något som inte stämde. Det var något med den platsen som gav mig en obehaglig känsla. Kanske var det bara för att det såg så övergivet och **kusligt ut,** eller så finns det verkligen något ondskefullt som lurar inom dess väggar. Hur som helst visste jag en sak med säkerhet: jag skulle aldrig komma tillbaka till Pragborgen igen.

Otázky s porozuměním

1. Co vypravěče na Pražském hradě zaujalo jako první?

2. Jak se vypravěč cítil, když procházeli branou na nádvoří hradu?

3. Jak vypadá hrad?

4. Co dělá vypravěč uvnitř hradu?

5. Co vypravěč vidí, když vstoupí do knihovny/ studovny?

6. Popište bytost, kterou vypravěč vidí v knihovně/ studovně.

7. Co se stane s tvorem, když vypravěč zavře oči?

8. Jak se vypravěč cítí, když opouštějí hrad?

9. Proč vypravěč říká, že se na Pražský hrad už nikdy nevrátí?

10. Myslíte si, že si vypravěč bytost, kterou viděl v knihovně/studovně, vymyslel, nebo byla skutečná?

Frågor om förståelse

1. Vad är det första som slog berättaren med Pragborgen?

2. Hur kände sig berättaren när de gick genom portarna in på slottets gård?

3. Hur ser slottet ut?

4. Vad gör berättaren i slottet?

5. Vad ser berättaren när de kommer in i biblioteket/arbetsrummet?

6. Beskriv den varelse som berättaren ser i biblioteket/arbetsrummet.

7. Vad händer med varelsen när berättaren blundar?

8. Hur känner sig berättaren när de lämnar slottet?

9. Varför säger berättaren att de aldrig kommer att komma tillbaka till Pragborgen igen?

10. Tror du att berättaren inbillade sig den varelse som de såg i biblioteket/arbetsrummet, eller tror du att den var verklig?

Guláš

Byl chladný zimní večer a Guláš pociťoval mimořádný hlad. Celý den byl na lovu, ale podařilo se mu chytit jen pár **zajíců**. Když se blížil ke svému domu, viděl okny teplou záři ohně a cítil vůni výborného guláše, který vařila jeho žena. Když vstoupil do domu, zakručelo mu v břiše. "Á, tady jsi," řekla jeho žena, "zrovna jsem se chystala na talíř." Guláš se posadil ke stolu a s chutí se pustil do **večeře**. Guláš chutnal ještě lépe, než voněl, a brzy uklidil **talíř**. Spokojeně se opřel a spokojeně si odfrkl. "To byl dobrý guláš, drahá," řekl. "Nevím, co bych si bez tebe počal."

Jeho žena se usmála a začala uklízet talíře. Guláš si přitom koutkem oka všiml pohybu. Otočil se a spatřil velkou krysu, jak se plazí po podlaze směrem ke zbytkům jídla na talíři. Bez přemýšlení natáhl ruku a chytil **krysu** za ocas. Vyděšeně zakvičela, když s ní zatočil a pak ji vyhodil z otevřených dveří do chladného nočního vzduchu. "Gulá!" vykřikla jeho žena v šoku. "Co to proboha děláš?" Guláš ovčácky pokrčil rameny. "Nevím," odpověděl, "jen mi to v tu chvíli přišlo jako dobrý nápad." Druhý den se Guláš opět vydal na **lov.** Tentokrát byl odhodlaný ulovit jelena. Sledoval jednoho z nich celé hodiny po lese, ale vždy se mu podařilo zůstat těsně mimo dosah. Když se začalo stmívat, konečně jelena zahnal do kouta na mýtině. Stál tam

Guláš

Det var en kall vinterkväll och Guláš var särskilt hungrig. Han hade varit ute och jagat hela dagen men hade bara lyckats fånga några få **kaniner**. När han närmade sig sitt hem kunde han se den varma glöden från elden genom fönstren och känna lukten av hans frus utsökta gulasch. Hans mage knorrade när han gick in i huset. “Ah, där är du ju”, sa hans fru, “jag skulle just äta upp.” Guláš satte sig vid bordet och åt ivrigt upp sin **middag**. Gulaschen smakade ännu bättre än den luktade, och snart hade han tömt sin **tallrik**. Han lutade sig nöjt tillbaka och släppte ut en nöjd rap. “Det var en god gulasch, min kära”, sade han. “Jag vet inte vad jag skulle göra utan dig.”

Hans fru log och började plocka undan tallrikarna. Medan hon gjorde det märkte Guláš en rörelse ur ögonvrån. Han vände sig om för att se en stor råtta som skuttar över golvet i riktning mot matresterna på hans tallrik. Utan att tänka sträckte han ut handen och tog **råttan i** svansen. Den skrek av skräck när han svängde den runt och runt innan han slängde ut den genom den öppna dörren ut i den kalla nattluften. “Gulá!” ropade hans fru chockad. “Vad i hela friden gör du?” Guláš ryckte på axlarna. “Jag vet inte”, svarade han, “det verkade bara vara en bra idé för tillfället.” Nästa dag gav sig Guláš ut på **jakt** igen. Den här gången var

roztřesený, oči vytřeštěné **strachem**. Guláš na okamžik pocítil soucit se zvířetem, ale pak mu zakručelo v žaludku a on věděl, co musí udělat. Zamířil a vystřelil šíp, ale v poslední vteřině jelen uskočil na stranu a šíp ho jen škrábl do **boku**. Jelen se rozběhl do lesa a Guláš ho horlivě pronásledoval.

Najednou se pod ním propadla zem a on se ocitl ve skryté **rokli**. Když se Guláš probral, ležel na zádech na dně rokle a zíral na hvězdy nad hlavou. Bolela ho hlava, a když se pokusil pohnout, bolest mu projela tělem jako **blesk**. Při tom pádu si musel něco zlomit, pomyslel si chmurně. Nebylo možné, aby se sám vyšplhal zpátky nahoru. Právě když se Guláš začínal smiřovat se svým osudem, uslyšel shora hlasy a uviděl paprsky baterek odrážející se od stěn rokle. Zaplavila ho úleva, když slabě zvedl baterku do vzduchu, aby dal znamení o pomoc. Záchrannému týmu se podařilo Guláše ze strže dostat, a když se konečně dostal domů, bylo už dávno po **půlnoci**. Jeho žena na něj netrpělivě čekala a mnula si ruce.

han fast besluten att fånga ett rådjur. Han spårade ett i timmar genom skogen, men det lyckades alltid hålla sig precis utom räckhåll. När mörkret började falla fick han äntligen tag på hjorten i en glänta. Det stod där och darrade, med stora ögon av **rädsla**. Guláš kände en tillfällig känsla av sympati för djuret, men sedan knorrade hans mage och han visste vad han måste göra. Han tog sikte och avfyrade sin pil, men i sista sekunden hoppade hjorten åt sidan och pilen skrapade bara **flanken**. Hjorten rusade in i skogen med Guláš i heta jakten.

Plötsligt gav marken vika under honom och han störtade ner i en dold **ravin**. När Guláš kom tillbaka till sig själv låg han på rygg på botten av ravinen och stirrade upp mot stjärnorna ovanför. Han hade ont i huvudet, och när han försökte röra sig sköt smärta genom kroppen som blixtar. Han måste ha brutit något i fallet, tänkte han dystert. Det fanns inget sätt för honom att klättra upp igen på egen hand. Precis när Guláš började acceptera sitt öde hörde han röster ovanifrån och såg strålar från ficklampor studsa mot ravinens väggar. Lättnad sköljde över honom och han lyfte svagt upp sin ficklampa i luften för att signalera att han behövde hjälp. Räddningsteamet lyckades få ut Guláš ur ravinen, och när han äntligen var hemma var det långt efter **midnatt**. Hans fru väntade oroligt på honom och vred sina händer.

Otázky s porozuměním

1. Co chce hlavní hrdina udělat?

2. Proč to hlavní hrdina cítí?

3. Jak se hlavní hrdina cítí po svém rozhodnutí?

4. Co udělá hlavní hrdina dál?

5. Jaký je cíl hlavního hrdiny?

6. Jak chce hlavní hrdina tohoto cíle dosáhnout?

7. Jaké překážky stojí hlavnímu hrdinovi v cestě?

8. Jak hlavní hrdina překonává tyto překážky?

9. Jaké je vyvrcholení příběhu?

10. Jaké je rozuzlení příběhu?

Frågor om förståelse

1. Vad vill huvudpersonen göra?

2. Varför känner huvudpersonen så här?

3. Hur känner sig huvudpersonen inför sitt beslut?

4. Vad gör huvudpersonen härnäst?

5. Vad är huvudpersonens mål?

6. Hur planerar huvudpersonen att uppnå detta mål?

7. Vilka hinder står i vägen för huvudpersonen?

8. Hur övervinner huvudpersonen dessa hinder?

9. Vad är berättelsens höjdpunkt?

10. Vad är upplösningen av berättelsen?

Katedrála svatého Víta

Katedrála svatého Víta se tyčila nad městem jako temný **monolit**. Říkalo se, že katedrála byla postavena na prokleté půdě, a zdálo se, že vyzařuje auru předtuchy. Nikdo přesně nevěděl, co se v jejích zdech děje, ale kolovaly o ní zvěsti... strašlivé zvěsti. Někteří říkali, že kněží obětovali děti Satanovi, jiní tvrdili, že prováděli nevýslovné rituály zahrnující **krev** a smrt. Po setmění se do katedrály nikdo neodvážil vstoupit, protože se bál, co by v jejích stinných prostorách mohl najít. Jednoho večera se mladá žena jménem Sarah rozhodla odvážně vstoupit do temnoty katedrály svatého Víta. Vždy ji fascinovaly příběhy, které o ní slyšela, a chtěla se přesvědčit, zda je na nich něco **pravdy.**

Když se blížila k impozantní stavbě, cítila, jak jí srdce buší v hrudi. Ruka se jí třásla, když sahala po klice, ale ovládla se a otevřela těžké dveře. Sarah se ocitla ve **velké** lodi lemované řadami lavic, které vedly k oltáři, u něhož stála socha samotného Satana obklopená svícemi hořícími černými plameny. Zaplavil ji pocit strachu, když si uvědomila, že možná udělala chybu, když sem přišla sama. Náhle uslyšela **kroky, které** se ozývaly prázdným kostelem, a někdo ji zezadu popadl!

St. Vitus-katedralen

Vituskatedralen tornade upp sig över staden som en mörk **monolit**. Det sades att katedralen byggdes på förbannad mark, och den verkade utstråla en aura av förvarning. Ingen visste exakt vad som hände innanför dess väggar, men det fanns rykten... fruktansvärda rykten. Vissa sa att prästerna offrade barn till Satan, medan andra hävdade att de utförde obeskrivliga ritualer som involverade **blod** och död. Ingen vågade gå in i katedralen efter mörkrets inbrott, av rädsla för vad de skulle kunna finna inom dess skuggiga ramar. En kväll bestämde sig en ung kvinna vid namn Sarah för att trotsa mörkret i St Vitus-katedralen. Hon hade alltid varit fascinerad av de historier hon hade hört om den, och hon ville se om det fanns någon **sanning** i dem.

När hon närmade sig den imponerande byggnaden kände hon hur hennes hjärta rusade i bröstet. Hennes hand skakade när hon sträckte sig efter dörrhandtaget, men hon tog sig samman och tryckte upp den tunga dörren. Sarah befann sig i ett **stort** skepp med rader av bänkar som ledde fram till ett altare där det stod en staty av Satan själv omgiven av ljus som brann med svarta lågor. En känsla av skräck fyllde henne när hon insåg att hon kanske hade gjort ett misstag genom att

Sarah se snažila vyprostit ze sevření útočníka, ale nebylo to nic platné. Ten, kdo ji popadl, byl příliš silný. Pokusila se křičet o pomoc, ale **ruka** jí sevřela ústa a ztlumila její výkřik. Byla vlečena k oltáři, kde se tyčila velká a hrozivá socha Satana. Její únosce ji přinutil pokleknout před sochou a pak jí **provazem** svázal ruce za zády. Sára cítila, jak jí v žilách koluje hrůza, když si uvědomila, že bude obětována.

Osoba, která ji chytila, začala zpívat v podivném jazyce a Sára cítila, že ze sochy vyzařuje zlá přítomnost. Náhle se kolem oltáře objevila černá **mlha a** Sarah cítila, jak je do ní vtahována! Sára se ocitla na temném místě, osvětleném pouze blikajícími svíčkami. Chvíli jí trvalo, než si oči zvykly, ale když se jí to podařilo, uviděla, že je obklopena postavami v kápích, které měly na sobě roucha zdobená symboly satanismu. Jedna z nich přistoupila blíž, sundala si **kápi** a odhalila, že je to jeden z kněží z katedrály! Krutě se na Sáru usmál a řekl: “Vítej, mé dítě... byla jsi vybrána, aby ses zúčastnila našeho nejposvátnějšího rituálu.” Sára se usmála. Ostatní kněží začali znovu zpívat, jak se připravovali na **oběť**.

komma hit ensam. Plötsligt hörde hon **fotsteg som** ekade genom den tomma kyrkan och någon tog tag i henne bakifrån! Sarah kämpade för att frigöra sig från angriparens grepp, men det var lönlöst. Den som hade tagit tag i henne var alldeles för stark. Hon försökte skrika på hjälp, men en **hand** klämde ner över hennes mun och dämpade hennes skrik. Hon släpades mot altaret där Satans staty stod stor och hotfull. Hennes kidnappare tvingade henne att knäböja inför statyn och band sedan hennes händer bakom ryggen med ett **rep**. Sarah kände hur skräcken rann genom hennes ådror när hon insåg att hon skulle offras.

Personen som hade tagit tag i henne började sjunga på ett konstigt språk, och Sarah kunde känna en ond närvaro från statyn. Plötsligt dök en svart **dimma** upp runt altaret, och Sarah kände hur hon drogs in i den! Sarah befann sig på en mörk plats som endast var upplyst av flimrande ljus. Det tog ett ögonblick för hennes ögon att anpassa sig, men när de gjorde det såg hon att hon var omgiven av huvaformade figurer som bar kläder som var prydda med symboler för satanism. En av dem klev fram och tog av sig sin **huva** och avslöjade att han var en av prästerna från katedralen! Han log grymt mot Sarah och sa: "Välkommen, mitt barn... du har blivit utvald att delta i vår mest heliga ritual". De andra prästerna började sjunga igen medan de förberedde sig för **offret**.

Otázky s porozuměním

1. Co katedrála představuje?

2. Co představuje černá mlha?

3. Jaký význam mají svíčky?

4. Kdo je Sára?

5. Jaký význam má socha?

6. Jaký význam mají kněží?

7. Jaký je význam rituálu?

8. Jaký je význam oběti?

9. Jaký je výsledek příběhu?

10. Jaké je ponaučení z příběhu?

Frågor om förståelse

1. Vad representerar katedralen?

2. Vad föreställer den svarta dimman?

3. Vad betyder ljusen?

4. Vem är Sarah?

5. Vilken betydelse har statyn?

6. Vilken betydelse har prästerna?

7. Vilken betydelse har ritualen?

8. Vad är meningen med offret?

9. Vad är resultatet av berättelsen?

10. Vad är sensmoralen i berättelsen?

Lov hub

Když jsem vstoupil do lesa, bylo v něm strašidelné ticho. Jediným zvukem bylo křupání **listí** pod mýma nohama. Na houby jsem chodil už dřív, ale nikdy ne sám. Srdce se mi rozbušilo o něco rychleji, když jsem zkoumala půdu a hledala stopy po **houbách**. Najednou jsem zahlédl, jak zpod kmene něco vyčuhuje. Byl to malý bílý hřib s červenými skvrnami! Opatrně jsem ho zvedl a vložil do košíku. Jak jsem pokračoval v chůzi, nacházel jsem další a další houby. Brzy jsem měl plný košík! Vrátil jsem se k autu, abych kamarádům ukázal, co jsem našel. Když jsem se vrátil k autu, kamarádi už **nebyli k** nalezení. Volal jsem na ně jménem, ale nikdo se neozýval. Kam mohli jít? Rozhodl jsem se na ně počkat v **autě**.

Po několika minutách se mi začalo chtít spát. Zanedlouho jsem usnul hlubokým spánkem. Probudil mě hlasitý zvuk. Znělo to, jako by někdo **křičel**! Pomalu jsem otevřel oči a uviděl, že dveře auta jsou vytržené z pantů! Venku stálo velké stvoření a dívalo se na mě svýma **jasně** červenýma očima. Než se natáhlo dovnitř a vytáhlo mě z auta, vydalo další uši rvoucí výkřik! Vzápětí jsem si uvědomil, že ležím na zemi přímo před tím tvorem. Jeho obličej byl jen pár centimetrů od mého, jak na mě upřeně zíral svýma rudýma očima.

Svampjakt

Skogen var kusligt tyst när jag gick in i den. Det enda ljudet var **lövets** knastrande under mina fötter. Jag hade varit på svampjakt tidigare, men aldrig ensam. Mitt hjärta slog lite snabbare när jag spanade av marken för att hitta några tecken på **svamp**. Plötsligt såg jag något som stack ut under en stock. Det var en liten vit svamp med röda fläckar! Försiktigt plockade jag upp den och lade den i min korg. När jag fortsatte att gå hittade jag fler och fler svampar. Snart var min korg full! Jag gick tillbaka till bilen för att visa mina vänner vad jag hade hittat. När jag kom tillbaka till bilen var mina vänner **inte** att hitta **någonstans.** Jag ropade deras namn, men de svarade inte. Vart kunde de ha tagit vägen? Jag bestämde mig för att vänta på dem i **bilen**.

Efter några minuter började jag känna mig sömnig. Inom kort gled jag in i en djup sömn. Jag väcktes av ett högt ljud. Det lät som om någon **skrek**! Långsamt öppnade jag ögonen och såg att bildörren hade slitits ur gångjärnen! En stor varelse stod utanför och tittade på mig med sina klarröda ögon. Den släppte ut ytterligare ett öronbedövande skrik innan den sträckte sig in och drog ut mig ur bilen! Det nästa jag visste var att jag låg på marken framför varelsen. Dess ansikte var bara några centimeter från mitt när den stirrade intensivt

Pak se pomalu natáhlo dopředu a popadlo jednu z hub z mého košíku... a snědlo ji! Sledoval jsem, jak zhltlo **několik** dalších hub, než se otočilo a zmizelo v lese, zanechávajíc mě samotného a vyděšeného.

Trvalo několik hodin, než jsem konečně sebral odvahu a pohnul se. Celé tělo se mi třáslo, když jsem se pomalu postavila na nohy. Auto bylo **zničené a** po mých přátelích nebylo nikde ani stopy. Co se stalo? Bylo to stvoření opravdu skutečné, nebo se mi to jen zdálo? Existoval jen jeden způsob, jak to zjistit. Nejistě jsem se vydal zpátky do lesa. Nevím, co mě vedlo k tomu, abych se vrátil, ale vrátil jsem se. A jsem ráda, že jsem to udělala, protože tam jsem našla své **přátele**! I je napadla ta příšera a byli stejně vyděšení jako já. Společně jsme se dostali z **lesa a** slíbili si, že už nikdy nepůjdeme na houby!

på mig med sina röda ögon. Sedan sträckte den sig långsamt framåt och tog en av svamparna från min korg... och åt upp den! Jag såg hur den slukade **flera** svampar till innan den vände sig om och försvann in i skogen och lämnade mig ensam och skräckslagen.

Det tog flera timmar innan jag äntligen fick mod att röra mig. Hela min kropp skakade när jag sakta reste mig upp. Bilen var **förstörd och** det fanns inga tecken på mina vänner någonstans. Vad hade hänt? Var den där varelsen verkligen verklig eller hade jag bara inbillat mig den? Det fanns bara ett sätt att ta reda på det. Försiktigt började jag gå tillbaka in i skogen. Jag vet inte vad som besatte mig att gå tillbaka, men jag gjorde det. Och jag är glad att jag gjorde det, för det var där jag hittade mina **vänner**! De hade också blivit attackerade av varelsen och var lika rädda som jag. Tillsammans tog vi oss ut ur **skogen** och lovade att aldrig gå på svampjakt igen!

Otázky s porozuměním

1. Co najde hlavní hrdina v lese?

2. Jak se hlavní hrdina cítí, když loví houby sám?

3. Co udělá hlavní hrdina, když zjistí, že se jeho přátelé ztratili?

4. Proč si hlavní hrdina nedělá starosti, když usne v autě?

5. Co se stane, když se hlavní hrdina probudí?

6. Jak tvor reaguje na houby?

7. Kde se nacházejí přátelé hlavního hrdiny?

8. Proč si přátelé slíbí, že už nikdy nepůjdou na houby?

9. Co myslíte, že vedlo hlavního hrdinu k tomu, aby se vrátil do lesa?

10. Myslíte si, že to stvoření bylo skutečné, nebo vymyšlené?

Frågor om förståelse

1. Vad hittar huvudpersonen i skogen?

2. Hur känner huvudpersonen för att jaga svamp ensam?

3. Vad gör huvudpersonen när de upptäcker att deras vänner är försvunna?

4. Varför är huvudpersonen inte orolig när de somnar i bilen?

5. Vad händer när huvudpersonen vaknar?

6. Hur reagerar varelsen på svamparna?

7. Var finns huvudpersonens vänner?

8. Varför lovar vännerna att aldrig gå på svampjakt igen?

9. Vad tror du att det var som fick huvudpersonen att gå tillbaka in i skogen?

10. Tror du att varelsen var verklig eller påhittad?

Klementinum

Klementinum je krásná stará knihovna v centru Prahy. Byla založena v 16. století a od té doby je centrem vzdělanosti. Dnes se v ní nachází více než 20 000 knih a je jedním z nejoblíbenějších **turistických** cílů ve městě. Jednoho letního dne přišla Klementinum navštívit mladá žena jménem Eva. Vždycky milovala knihy a byla nadšená, že si může prohlédnout takové historické místo. Když procházela **chodbami,** nemohla si nevšimnout všech lidí, kteří si v klidu četli nebo pracovali u stolů. Bylo zřejmé, že jde o místo, kde se **znalosti** vysoce cení. Nakonec se Eva dostala do hlavní čítárny, kde spatřila něco neuvěřitelného: celou stěnu zaplněnou regály a **policemi** knih!

Stěží ovládala své **vzrušení,** když začala procházet tituly. Po chvíli ji jedna konkrétní kniha vtáhla do úplně jiného světa. Kniha se jmenovala Letopisy Narnie: Lev, čarodějnice a skříň". Eva ji nikdy předtím nečetla, ale příběh ji rychle **pohltil.** Četla o čtyřech dětech, které se skrze skříň dostanou do kouzelného světa a zažívají nejrůznější dobrodružství. Když otáčela každou stránku, měla pocit, že je tam s nimi a všechno prožívá na vlastní kůži. Nakonec Eva došla na konec knihy a neochotně ji zavřela. Ještě chvíli seděla a nechala svou **mysl**, aby se vrátila ke všemu, co právě přečetla. Byl

Clementinum

Clementinum är ett vackert gammalt bibliotek i hjärtat av Prag. Det grundades på 1500-talet och har varit ett centrum för lärande sedan dess. I dag rymmer det över 20 000 böcker och är ett av de mest populära turistmålen i staden. En sommardag kom en ung kvinna vid namn Eva för att besöka Clementinum. Hon hade alltid älskat böcker och var glad över att få se en sådan historisk plats. När hon gick genom **salarna** kunde hon inte låta bli att lägga märke till alla människor som läste tyst eller arbetade vid skrivbord. Det var tydligt att detta var en plats där **kunskap** värderades högt. Så småningom tog sig Eva fram till huvudläsesalen, där hon såg något otroligt: en hel vägg fylld med hyllor på **hyllor** med böcker!

Hon kunde knappt hålla tillbaka sin **spänning** när hon började bläddra bland titlarna. Efter ett tag fann hon att hon drogs in i en helt annan värld av en viss bok. Boken hette "Narnias krönikor": Lejonet, häxan och garderoben". Eva hade aldrig läst den tidigare, men hon blev snabbt **uppslukad av** berättelsen. Hon läste om fyra barn som genom en garderob kommer in i en magisk värld och har alla möjliga äventyr. När hon vände varje sida kändes det som om hon var där med dem och upplevde allting direkt. Så småningom nådde

to úžasný zážitek, na který nikdy nezapomene. Když Eva opouštěla Klementinum, měla pocit, že se její mysl **rozšířila**.

Nyní má ještě větší zájem o **čtení** a učení než dříve. Knihovna rozhodně dostála své pověsti a ona věděla, že se sem brzy vrátí. Když Eva přišla do Klementina příště, přinesla si s sebou knihu, kterou chtěla vrátit. Byla ráda, že může přispět na tak **úžasné** místo, a těšila se, že najde další knihy, ve kterých se bude moci ztratit. Klementinum je součástí Evina života již mnoho let. Je to její **šťastné** místo, kam může utéct před každodenním shonem. Stále ráda nachází nové knihy ke čtení a vždy se těší na další návštěvu.

Eva slutet av boken och stängde den motvilligt. Hon satt där en stund till och lät **tankarna** vandra tillbaka till allt hon just hade läst. Det var en fantastisk upplevelse som hon aldrig skulle glömma. När Eva lämnade Clementinum kände hon att hennes sinne hade **utvidgats**.

Hon är nu ännu mer intresserad av att **läsa** och lära sig än tidigare. Biblioteket hade definitivt levt upp till sitt rykte, och hon visste att hon snart skulle komma tillbaka. Nästa gång Eva kom till Clementinum tog hon med sig en bok som hon skulle lämna tillbaka. Hon var glad över att kunna bidra till en sådan **underbar** plats och såg fram emot att hitta fler böcker som hon kunde gå vilse i. Clementinum har varit en del av Evas liv i många år nu. Det är hennes **lyckliga** plats, dit hon kan gå för att fly från vardagens stress och hetta. Hon älskar fortfarande att hitta nya böcker att läsa och ser alltid fram emot nästa besök.

Otázky s porozuměním

1. Co je Klementinum?

2. Jak dlouho je Klementinum na světě?

3. Co všechno můžete v Klementinu dělat?

4. Jak vypadá hlavní čítárna?

5. Jakou knihu Eva četla?

6. Jaký byl Evin zážitek po přečtení knihy?

7. Jak často chodí Eva do Klementina?

8. Co Eva ráda dělá v Klementinu?

9. Co pro Evu znamená Klementinum?

10. Co má Eva v Klementinu nejraději?

Frågor om förståelse

1. Vad är Clementinum?

2. Hur länge har Clementinum funnits?

3. Vad kan man göra på Clementinum?

4. Hur ser huvudläsesalen ut?

5. Vilken bok läste Eva?

6. Vad upplevde Eva efter att ha läst boken?

7. Hur ofta går Eva till Clementinum?

8. Vad tycker Eva om att göra på Clementinum?

9. Vad betyder Clementinum för Eva?

10. Vad är Evas favorit hos Clementinum?

Sametová revoluce

Byl chladný zimní den v Praze, když začala sametová revoluce. Skupina **studentů** se sešla, aby protestovala proti komunistické vládě a požadovala reformy. Přidali se k nim dělníci a další občané, kteří měli represivního režimu plné zuby. **Policie** se snažila demonstraci rozehnat, ale byla v přesile. Lidé pokračovali v pochodu ulicemi a skandovali, že chtějí změnu. Druhý den se k **protestům** připojili další lidé. Hnutí nabíralo na **síle, protože se do něj** zapojovalo stále více lidí.

Úřady reagovaly vysláním tanků a vojáků, ale setkaly se s odporem protestujících. Lidé si pevně stáli za svými požadavky na demokracii a svobodu a nakonec zvítězili. Po týdnech pokojných demonstrací se Československo opět stalo svobodnou **zemí.** Byla to dlouhá a obtížná cesta, ale nakonec byli svobodní. Lidé v Československu svrhli komunistickou vládu a znovu získali demokracii. Byl to **významný** úspěch, který by nebyl možný bez odvahy a odhodlání protestujících. Nyní mohli konečně začít obnovovat svou zemi a vytvářet lepší budoucnost pro všechny. Sametová revoluce byla zlomovým bodem v českých **dějinách**. Ukázala, že lidé již nebudou tolerovat utlačovatelský režim, a vydláždila cestu k demokracii a **svobodě**.

Den sammetska revolutionen

Det var en kall vinterdag i Prag när sammetsrevolutionen inleddes. En grupp **studenter** hade samlats för att protestera mot den kommunistiska regeringen och kräva reformer. De fick sällskap av arbetare och andra medborgare som var trötta på den repressiva regimen. **Polisen** försökte stoppa demonstrationen, men de var i underläge och överlägsna i antal. Folket fortsatte att marschera genom gatorna och ropade på förändring. Nästa dag anslöt sig fler människor till **protesterna**. Rörelsen tog **fart i takt med att** fler och fler människor engagerade sig.

Myndigheterna svarade med att skicka in stridsvagnar och trupper, men de möttes av motstånd från demonstranterna. Människorna stod fast vid sina krav på demokrati och frihet och till slut segrade de. Efter veckor av fredliga demonstrationer blev Tjeckoslovakien återigen ett fritt **land.** Det hade varit en lång och svår resa, men äntligen var de fria. Folket i Tjeckoslovakien hade störtat den kommunistiska regeringen och återfått sin demokrati. Det var en **betydelsefull** prestation som inte hade varit möjlig utan demonstranternas mod och beslutsamhet. Nu kunde de äntligen börja bygga upp sitt land och skapa en bättre framtid för

Země nyní vzkvétá a její občané **se těší** lepší kvalitě života. Díky statečným protestujícím, kteří se postavili za svá práva, je nyní Československo svobodným a prosperujícím státem. Sametová revoluce byla klíčovým **okamžikem v** dějinách Československa. Přinesla významné změny, které měly pozitivní dopad na zemi a její obyvatele. Protestující projevili velkou **odvahu postavit se** komunistické vládě a jejich úsilí se vyplatilo. Dnes je Československo svobodnou a demokratickou zemí a jeho občané se těší lepší kvalitě **života**.

alla. Sammetrevolutionen var en vändpunkt i Tjeckiens **historia**. Den visade att folket inte längre skulle tolerera en förtryckarregim och banade väg för demokrati och **frihet**.

Landet blomstrar nu, och medborgarna **har fått en** bättre livskvalitet. Tack vare de modiga demonstranter som stod upp för sina rättigheter är Tjeckoslovakien nu en fri och välmående nation. Sammetrevolutionen var ett avgörande **ögonblick i** Tjeckoslovakiens historia. Den medförde betydande förändringar som har haft en positiv inverkan på landet och dess befolkning. Demonstranterna visade stort **mod** när de stod upp mot den kommunistiska regeringen, och deras ansträngningar har gett resultat. I dag är Tjeckoslovakien ett fritt och demokratiskt land, och dess medborgare åtnjuter en bättre **livskvalitet**.

Otázky s porozuměním

1. Co byla sametová revoluce?

2. Kdo byly hlavní skupiny zapojené do sametové revoluce?

3. Proč tam úřady poslaly tanky a vojáky?

4. Jak reagovali obyvatelé Československa na tanky a vojáky?

5. Jaký byl výsledek sametové revoluce?

6. Jak sametová revoluce ovlivnila Československo?

7. Jak by dnes vypadalo Československo, kdyby nedošlo k sametové revoluci?

8. Co bylo hlavním cílem protestujících?

9. Dosáhli protestující svého cíle?

10. Co bylo zlomovým bodem sametové revoluce?

Frågor om förståelse

1. Vad var sammetsrevolutionen?

2. Vilka var de viktigaste grupperna i sammetsrevolutionen?

3. Varför skickade myndigheterna in stridsvagnar och trupper?

4. Hur reagerade folket i Tjeckoslovakien på stridsvagnarna och trupperna?

5. Vad blev resultatet av sammetsrevolutionen?

6. Hur har sammetsrevolutionen påverkat Tjeckoslovakien?

7. Hur skulle Tjeckoslovakien se ut i dag om sammetsrevolutionen inte hade ägt rum?

8. Vad var demonstranternas främsta mål?

9. Uppnådde demonstranterna sitt mål?

10. Vad var vändpunkten i sammetsrevolutionen?

Český ráj

Poprvé jsem Český ráj viděl ve snu. Bylo to **nádherné** místo plné barev a života. Nebe bylo modré, slunce svítilo a květiny kvetly. Procházel jsem se ulicemi Českého ráje a obdivoval architekturu a lidi. Všichni vypadali tak šťastně a bezstarostně. Měla jsem pocit, že tam **patřím.** V Českém ráji jsem narazila na park a posadila se na lavičku, abych si odpočinula. Zavřela jsem oči a zhluboka se nadechla, cítila jsem, jak mě zaplavuje **klid tohoto** místa. Když jsem oči znovu otevřela, uviděla jsem na druhém konci lavičky sedět dívku. Měla tmavé vlasy a jasně modré oči a dívala se na mě s takovou intenzitou, až mi **srdce** poskočilo. Dívali jsme se na sebe snad celou věčnost, než konečně promluvila.

"Vítejte v Českém ráji," řekla tiše. "Jsem ráda, že jsi tady." Probudil jsem se ze **snu a** cítil se divně. Nemohla jsem se zbavit pocitu, že jsem tam už někdy byla, i když jsem věděla, že je to nemožné. To místo mi připadalo tak skutečné a dívčiny **oči se** mi vryly do paměti. Rozhodl jsem se, že se do Českého ráje vypravím, abych se přesvědčil, jestli opravdu existuje. Když jsem dorazil na místo, všechno vypadalo přesně jako v mém snu. Chodil jsem jako omámený a napůl jsem očekával,

Bohemiska paradiset

Första gången jag såg Bohemian Paradise var i en dröm. Det var en **vacker** plats, full av färg och liv. Himlen var blå, solen sken och blommorna blommade. Jag gick genom gatorna i Bohemian Paradise och beundrade arkitekturen och människorna. Alla verkade så glada och bekymmerslösa. Det kändes som om jag **hörde hemma** där. Jag kom till en park i Bohemian Paradise och satte mig på en bänk för att vila. Jag slöt ögonen och släppte ut ett djupt andetag och kände hur **lugnet** på platsen sköljde över mig. När jag öppnade ögonen igen såg jag en flicka sitta i andra änden av bänken. Hon hade mörkt hår och ljusblå ögon, och hon tittade på mig med en intensitet som fick mitt **hjärta att** slå ett slag. Vi låste ögonen i vad som kändes som en evighet innan hon slutligen talade.

“Välkommen till Bohemian Paradise”, sa hon mjukt. “Jag är glad att du är här.” Jag vaknade upp från **drömmen och** kände mig konstig. Jag kunde inte skaka av mig känslan av att jag hade varit där förut, även om jag visste att det var omöjligt. Platsen kändes så verklig och flickans **ögon** var inbrända i mitt minne. Jag bestämde mig för att göra en resa till Bohemian Paradise, bara för att se om det verkligen existerade.

že se dívka znovu objeví. Ale neobjevila se a já se nakonec vrátil domů. Sen mě **pronásledoval** dál a já se do Českého ráje čas od času vracel. Ale ať jsem tam jezdil jakkoli často, dívka se už nikdy neobjevila. A přesto jsem nějak věděl, že na mě **čeká.**

Jednoho dne jsem ji po letech hledání konečně našel. Seděla na stejné lavičce v parku a vypadala přesně tak, jak jsem si ji pamatoval. Znovu jsme se na sebe podívali a tentokrát jsem neodvrátil zrak. "Čekala jsem na tebe," řekla **tiše**. "Vítej doma." Posadil jsem se na lavičku vedle ní a povídali jsme si celé hodiny. Vyprávěl jsem jí o svém životě a ona mně o tom svém. Měl jsem pocit, že ji znám odjakživa. Nakonec začalo zapadat slunce a oba jsme věděli, že je čas jít **každý svou** cestou. Ale než odešla, naposledy se na mě obrátila. "Pamatuj si," řekla tiše, "že tady máš vždycky domov." Už jsem ji nikdy neviděla, ale její slova jsem si navždy pamatovala. A pokaždé, když **zavřu** oči, vidím ji, jak sedí na lavičce v parku a čeká, až se vrátím **domů**.

När jag kom fram såg allting ut precis som i min dröm. Jag gick runt i en dvala och väntade halvt på att flickan skulle dyka upp igen. Men det gjorde hon inte, och så småningom tog jag mig hem igen. Drömmen fortsatte att **förfölja** mig och jag återvände till Bohemian Paradise gång på gång. Men hur ofta jag än gick dit dök flickan aldrig upp igen. Ändå visste jag på något sätt att hon **väntade** på mig.

En dag, efter flera års sökande, hittade jag henne äntligen. Hon satt på samma bänk i parken och såg ut precis som jag mindes henne. Vi låste ögonen igen, och den här gången tittade jag inte bort. "Jag har väntat på dig", sa hon **mjukt**. "Välkommen hem." Jag satte mig på bänken bredvid henne och vi pratade i timmar. Jag berättade om mitt liv och hon berättade om sitt. Det kändes som om jag hade känt henne i evigheter. Så småningom började solen gå ner och vi visste båda att det var dags att gå **skilda** vägar. Men innan hon gick vände hon sig till mig en sista gång. "Kom ihåg", sade hon mjukt, "du har alltid ett hem här". Jag såg henne aldrig mer, men jag har alltid kommit ihåg hennes ord. Och varje gång jag **blundar** ser jag henne sitta på bänken i parken och vänta på att jag ska komma **hem**.

Otázky s porozuměním

1. Co udělá hlavní hrdinka, když poprvé uvidí dívku v parku?

2. Co cítí hlavní hrdinka, když je v Českém ráji?

3. Co řekne dívka hlavnímu hrdinovi, když se setkají podruhé?

4. Proč se hlavní hrdina stále vrací do Českého ráje?

5. Jak se hlavní hrdinka cítí, když konečně znovu najde dívku?

6. Co řekne dívka hlavnímu hrdinovi před odchodem?

7. Co vidí hlavní hrdinka, když zavře oči?

8. Co v kontextu příběhu znamená slovo “strašit”?

9. Co v kontextu příběhu znamená slovo “omámení”?

10. Co v kontextu příběhu znamená věta “jít každý svou cestou”?

Frågor om förståelse

1. Vad gör huvudpersonen när hon ser flickan i parken för första gången?

2. Vad känner huvudpersonen när hon befinner sig i Bohemian Paradise?

3. Vad säger flickan till huvudpersonen när de träffas för andra gången?

4. Varför återvänder huvudpersonen hela tiden till Bohemian Paradise?

5. Hur känner sig huvudpersonen när hon äntligen hittar flickan igen?

6. Vad säger flickan till huvudpersonen innan hon åker?

7. Vad ser huvudpersonen när hon blundar?

8. Vad betyder ordet “hemsöka” i berättelsens sammanhang?

9. Vad betyder ordet “daze” i samband med berättelsen?

10. Vad betyder uttrycket “gå skilda vägar” i samband med berättelsen?

Vepo Kndla Zelo

Byl chladný zimní večer a venku jemně padal sníh. Rodina se shromáždila kolem stolu a vychutnávala si teplé jídlo vepo knedlo zelo. Najednou někdo zaklepal na dveře. Kdo to mohl být? Otec vstal, aby otevřel, a zjistil, že na prahu stojí **cizí člověk**. Byl to starý muž s dlouhými bílými vousy a pronikavýma modrýma očima. Představil se jako Vepo Kndla Zelo a řekl, že jim přišel splnit jedno přání. Otec neváhal; přál si, aby jeho **dcera** byla vždy šťastná a zdravá. Vepo Kndla Zelo se vlídně usmál a řekl, že to splní. Pak **zmizel** v **noci** stejně náhle, jako se objevil.

Léta plynula a rodině se dařilo. Dcera vyrostla v krásnou **mladou** ženu a byla stále šťastná a zdravá, přesně jak si její otec přál. Jednoho dne potkala pohledného mladého muže a zamilovali se do sebe. Vzali se a měli spolu dvě krásné děti. Všechno se zdálo být **dokonalé,** ale pak se stala tragédie. Mladý muž onemocněl vzácnou chorobou a neexistoval na ni lék. Dcera dělala vše, co mohla, aby mu pomohla, ale nakonec zemřel a jí zůstalo zlomené srdce. Roky opět plynuly a nyní již dospělé děti dcery si jednoho zimního dne hrály na sněhu, když v parku našly na **lavičce** sedět starého muže. Vypadal přesně jako Vepo Kndla Zelo! Přistoupily k němu, aby si s ním promluvily, a on

Vepo Kndla Zelo

Det var en kall vinterkväll och snön föll försiktigt utanför. Familjen hade samlats runt bordet och åt en varm måltid med vepo knedlo zelo. Plötsligt knackade det på dörren. Vem kunde det vara? Pappan reste sig upp för att svara och fann en **främling** på dörrtröskeln. Det var en gammal man med långt vitt skägg och genomträngande blå ögon. Han presenterade sig som Vepo Kndla Zelo och sa att han hade kommit för att uppfylla en önskan. Fadern tvekade inte; han önskade att hans **dotter** alltid skulle vara lycklig och frisk. Vepo Kndla Zelo log vänligt och sa att det skulle ske. Sedan **försvann** han in i **natten** lika plötsligt som han hade dykt upp.

Åren gick och familjen hade det bra. Dottern växte upp till en vacker **ung** kvinna och hon var alltid glad och frisk, precis som hennes far hade önskat. En dag träffade hon en stilig ung man och de blev förälskade. De gifte sig och fick två vackra barn tillsammans. Allt verkade **perfekt,** men så slog en tragedi till. Den unge mannen blev sjuk i en sällsynt sjukdom och det fanns inget botemedel. Dottern gjorde allt hon kunde för att hjälpa honom, men så småningom dog han och lämnade henne förkrossad. Åren gick återigen och dotterns nu vuxna barn lekte i snön en vinterdag när de

jim řekl, že je to skutečně ten samý člověk, který před lety splnil **přání** jejich babičky.

Řekl, že na ně celé ty roky dohlížel a viděl, jakou bolestí jejich matka po otcově smrti **trpěla, a** tak jí chtěl splnit poslední přání: aby i její děti byly vždy šťastné. A s tím Vepo Kndla Zelo opět zmizel z jejich života. Roky plynuly a děti vyrostly ve šťastné a **zdravé** dospělé. Často myslely na starce, který splnil poslední přání jejich matky, a věděly, že nad nimi bude vždy bdít. Jednoho **chladného** zimního dne seděla nyní již stará matka v houpacím křesle u krbu a přemýšlela o svém životě. Byla tak požehnaná; navzdory všemu smutku a **bolestem, které** zažila, byla vždy obklopena láskou. A věděla, že to všechno díky Vepo Kndla Zelo.

hittade en gammal man som satt på en **bänk** i parken. Han såg precis ut som Vepo Kndla Zelo! De gick fram för att tala med honom och han berättade att han verkligen var samma person som hade uppfyllt deras mormors **önskan för** alla dessa år sedan.

Han sa att han hade vakat över dem under alla dessa år och sett hur mycket smärta deras mamma hade **lidit** sedan deras pappas död, så han ville uppfylla hennes sista önskan: att hennes barn alltid skulle vara lyckliga också. Och med det försvann Vepo Kndla Zelo från deras liv igen. Åren gick och barnen växte upp till lyckliga och **friska** vuxna. De tänkte ofta på den gamle mannen som hade uppfyllt deras mors sista önskan, och de visste att han alltid skulle vaka över dem. En **kall** vinterdag satt den nu äldre modern i sin gungstol vid brasan och tänkte på sitt liv. Hon hade varit så välsignad; trots all sorg och **hjärtesorg som** hon hade upplevt hade hon alltid varit omgiven av kärlek. Och hon visste att allt detta berodde på Vepo Kndla Zelo.

Otázky s porozuměním

1. Jaké bylo otcovo přání?

2. Jak se dcera seznámila se svým manželem?

3. Co se stalo s manželem?

4. Koho děti našly v parku?

5. Jaké bylo poslední přání matky?

6. Jak se matka cítila ve svém životě?

7. Kdo byl Vepo Kndla Zelo?

8. Co udělal Vepo Kndla Zelo pro rodinu?

9. Proč Vepo Kndla Zelo splnil matčino poslední přání?

10. Jaký byl výsledek matčina posledního přání?

Frågor om förståelse

1. Vad var faderns önskan?

2. Hur träffade dottern sin make?

3. Vad hände med maken?

4. Vem hittade barnen i parken?

5. Vad var moderns sista önskan?

6. Hur kände mamman sig själv om sitt liv?

7. Vem var Vepo Kndla Zelo?

8. Vad gjorde Vepo Kndla Zelo för familjen?

9. Varför beviljade Vepo Kndla Zelo moderns sista önskan?

10. Vad blev resultatet av moderns sista önskan?

Praha

Probudil jsem se za zvukem cvrlikání ptáků za **oknem**. Slunce právě vykukovalo nad obzor a vrhalo na oblohu růžovou a oranžovou záři. Vstala jsem z postele, protáhla se, zhluboka se nadechla a cítila, jak mi plíce plní **chladný** vzduch. Čekal mě další krásný den v Praze. Zamířila jsem dolů, kde jsem ucítila vůni čerstvě uvařené kávy. Manžel už byl vzhůru a četl si noviny u kuchyňského stolu. Vyměnili jsme si krátké **zdvořilosti,** když jsem si nalila šálek kávy a posadila se k němu. Oba jsme věděli, že dnes toho musíme hodně udělat, pokud chceme co nejlépe využít čas strávený tady v Praze. Dopoledne jsme strávili procházkou po Staroměstském náměstí, obdivovali veškerou architekturu a občas se zastavili, abychom se **vyfotili** nebo si vzali něco k jídlu od jednoho z mnoha pouličních prodejců tradičních českých jídel, jako je klobása nebo trdelník.

Když jsme se procházeli úzkými uličkami lemovanými **obchůdky se** vším možným od ručně vyráběných šperků po ručně malovaná velikonoční vajíčka, připadali jsme si, jako bychom se vrátili v čase. Odpoledne jsme se rozhodli pro plavbu lodí po Vltavě. Zatímco jsme klouzali po vodě, náš průvodce nás upozorňoval na všechny důležité **památky** a vyprávěl nám příběhy

Prag

Jag vaknade till ljudet av fågelkvitter utanför mitt **fönster**. Solen tittade precis över horisonten och kastade ett rosa och orange sken över himlen. Jag gick upp ur sängen och sträckte mig, tog ett djupt andetag och kände hur den **svala** luften fyllde mina lungor. Det skulle bli ännu en vacker dag i Prag. Jag tog mig ner för trappan, där det luktade att färskt kaffe bryggdes. Min man var redan uppe och läste tidningen vid köksbordet. Vi utbytte korta **artigheter** när jag hällde upp en kopp kaffe åt mig själv och satte mig ner tillsammans med honom. Vi visste båda att vi hade mycket att göra i dag om vi ville få ut det mesta av vår tid här i Prag. Vi tillbringade förmiddagen med att gå runt torget i Gamla stan, beundrade all arkitektur och stannade då och då för att ta **bilder** eller ta en bit mat från någon av de många gatuförsäljarna som sålde traditionell tjeckisk mat som klobasa eller trdelnik .

När vi vandrade genom smala gator med **butiker** som säljer allt från handgjorda smycken till handmålade påskägg kändes det som om vi gick tillbaka i tiden. På eftermiddagen bestämde vi oss för att ta en båttur på floden Vltava. Medan vi gled genom vattnet pekade vår guide ut alla viktiga **landmärken och berättade** historier om Prags historia. Vi passerade Karlsbron,

o historii Prahy. Prošli jsme kolem Karlova mostu se sochami svatých, kteří na nás dohlížejí, a viděli jsme impozantní hrad, který se tyčí na kopci na druhé straně řeky. Bylo těžké uvěřit, že toto město existuje už po **staletí;** připadalo mi jako z pohádky. Když se začalo stmívat, vrátili jsme se na Staroměstské náměstí, kde jsme začali náš den. Náměstí teď bylo plné lidí, kteří si vychutnávali nápoje ve venkovních kavárnách nebo poslouchali živou **hudbu** linoucí se z některého z mnoha barů rozesetých po okolí.

Našli jsme si místo na lavičce a sledovali tančící páry před starou **fontánou osvětlenou** barevnými světly. Bylo to kouzelné. Náš dokonalý den jsme zakončili večeří v restauraci s výhledem na řeku a pak jsme se unavení, ale šťastní vrátili do hotelového pokoje. Následujících několik dní bylo plných aktivit. Navštěvovali jsme **muzea** a galerie, chodili na procházky po parcích a zahradách a ochutnali tolik českého jídla a piva, kolik jsme jen mohli. Každý den byl plný nových dobrodružství a každý večer jsme padali do postele vyčerpaní, ale spokojení. Poslední den v Praze jsme vstávali brzy, abychom co nejlépe využili čas, který nám v tomto krásném městě zbýval. Ruku v ruce jsme se procházeli ulicemi a naposledy si **vše** vychutnávali, než jsme se vrátili do reality. Když jsme zahnuli za roh do tiché boční ulice lemované stromy, které právě začínaly kvést, věděla jsem, že na toto místo budu navždy ráda vzpomínat. Praha mi ukradla **srdce**.

med sina statyer av helgon som vaktade över oss, och såg det imponerande slottet som stod uppe på en kulle på andra sidan floden. Det var svårt att tro att den här staden hade funnits i **århundraden,** det kändes som något från en saga. När kvällen började falla tog vi oss tillbaka till torget i Gamla stan där vi hade börjat vår dag. Torget var nu fyllt av människor som njöt av drinkar på uteserveringar eller lyssnade på **livemusik som** utgick från någon av de många barer som fanns i området.

Vi hittade en plats på en bänk och tittade på par som dansade framför en gammal **fontän som var** upplyst med färgglada lampor. Det var magiskt. Vi avslutade vår perfekta dag med middag på en restaurang med utsikt över floden innan vi gick tillbaka till vårt hotellrum trötta men lyckliga. De följande dagarna var en enda dimma av aktivitet. Vi besökte **museer** och konstgallerier, gick på promenader i parker och trädgårdar och provade så mycket tjeckisk mat och öl vi kunde. Varje dag var fylld av nya äventyr och varje kväll föll vi i säng utmattade men nöjda. På vår sista dag i Prag vaknade vi tidigt för att få ut det mesta av den tid vi hade kvar i denna vackra stad. Vi gick hand i hand genom gatorna och tog in **allting** en sista gång innan vi åkte tillbaka till verkligheten. När vi svängde runt ett hörn in på en lugn sidogata som kantas av träd som precis börjat blomma visste jag att detta var en plats som jag alltid skulle minnas med glädje. Prag hade stulit mitt **hjärta**.

Otázky s porozuměním

1. Na jaký zvuk se hlavní hrdina probudil?

2. Co dělalo slunce, když se hlavní hrdina probudil?

3. Co udělal hlavní hrdina, když se probudil?

4. Co cítil hlavní hrdina, když sešel dolů?

5. Kdo už byl vzhůru, když hlavní hrdina sešel dolů?

6. Co dělali hlavní hrdinka a její manžel ráno?

7. Co měl hlavní hrdina k obědu?

8. Co dělal hlavní hrdina odpoledne?

9. Jaká byla reakce hlavního hrdiny na město?

10. Co dělal hlavní hrdina poslední den v Praze?

Frågor om förståelse

1. Vilket ljud vaknade huvudpersonen till?

2. Vad gjorde solen när huvudpersonen vaknade?

3. Vad gjorde huvudpersonen när han eller hon vaknade?

4. Vad kunde huvudpersonen känna lukten av när de gick ner för trappan?

5. Vem var redan uppe när huvudpersonen gick ner?

6. Vad gjorde huvudpersonen och deras make på morgonen?

7. Vad åt huvudpersonen till lunch?

8. Vad gjorde huvudpersonen på eftermiddagen?

9. Hur reagerade huvudpersonen på staden?

10. Vad gjorde huvudpersonen på sin sista dag i Prag?

Kubista

Kubista byl vždycky kreativní dítě. Ráda vyráběla **rukama a** stále přicházela s novými nápady. Když jí bylo pět let, vyrobila ze staré krabice kartonový domeček pro své panenky. Její rodiče byli tak ohromeni, že si ho vyfotili a dali do rodinného alba. Kubista stále vytvářela **něco** nového, ať už to byl obraz nebo socha, nebo jen něco pro zábavu. Když jí bylo osmnáct, rozhodla se Kubista, že až vyroste, chce být umělkyní. Šla na **vysokou školu** uměleckého směru a absolvovala ji s vyznamenáním. Přestěhovala se do New Yorku, aby si splnila svůj sen stát se umělkyní. Získala práci asistentky v umělecké galerii a tvrdě pracovala, aby se naučila vše o tomto oboru. Během několika let si našetřila dost peněz, aby si mohla otevřít vlastní galerii. Kubistova galerie se rychle stala jednou z **nejúspěšnějších ve** městě.

Na její jedinečná díla se sjížděli lidé z celého světa. Mnozí lidé říkali, že jim Kubistova díla připomínají jejich **dětství** a vyvolávají v nich pocit štěstí. Její díla přinášela lidem do života radost, což Kubista na své práci umělkyně milovala nejvíce. Kubista byla úspěšnou umělkyní i v dospělosti. Vystavovala svá díla po celém světě a získala mnoho ocenění. Lidé byli vždy ohromeni její **kreativitou** a představivostí. Její umělecká díla se nepodobala ničemu, co kdy předtím viděli. Jednoho dne Kubistu oslovila žena, která si chtěla objednat dílo pro svůj nový domov. Žena Kubistě řekla, že chce něco **výjimečného,** něco, co by ji

Kubista

Kubista har alltid varit ett kreativt barn. Hon älskade att göra saker med sina **händer** och kom alltid på nya idéer. När hon var fem år gammal gjorde hon ett kartonghus till sina dockor av en gammal låda. Hennes föräldrar var så imponerade att de tog en bild av det och lade in det i familjealbumet. Kubista gjorde alltid **något** nytt, oavsett om det var en målning eller skulptur eller bara något för skojs skull. När hon fyllde arton bestämde Kubista att hon ville bli konstnär när hon blev stor. Hon gick på konsthögskola och tog examen med utmärkelser. Hon flyttade till New York City för att fullfölja sin dröm om att bli konstnär. Hon fick ett jobb som assistent på ett konstgalleri och arbetade hårt för att lära sig allt om verksamheten. Inom några år hade hon sparat tillräckligt med pengar för att öppna sitt eget galleri. Kubistas galleri blev snabbt ett av de mest **framgångsrika i** staden.

Folk kom från hela landet för att se hennes unika konstverk. Många sa att Kubistas verk påminde dem om deras **barndom** och fick dem att känna sig lyckliga. Hennes verk gav människor glädje i sina liv, vilket är vad Kubista älskade mest med att vara konstnär. Kubista fortsatte att vara en framgångsrik konstnär in i vuxen ålder. Hon ställde ut sina verk över hela världen och vann många priser. Människor var alltid förvånade över hennes **kreativitet** och fantasi. Hennes konstverk liknade ingenting som de någonsin hade sett tidigare. En dag

potěšilo pokaždé, když by to viděla. Po chvíli přemýšlení přišel Kubista s dokonalým nápadem. Vytvořila nástěnnou malbu kouzelného lesa s vílami, elfy a dalšími kouzelnými bytostmi. Žena byla výsledkem nadšená a nástěnnou malbu si pověsila do obývacího pokoje, kde ji mohla vidět každý den. Kubistova **umělecká díla** stále přinášejí lidem radost do života.

Je skutečně jedinečná a navždy zůstane v paměti jako jedna z **nejtalentovanějších** umělkyň naší doby. Kubistův život se změnil, když jí byla diagnostikována rakovina. Bylo jí pouhých pětačtyřicet let. Lékaři tvrdili, že je **agresivní a** že jí nezbývá mnoho času. Kubista byla zdrcená. Vždycky byla zdravá a nikdy si nemyslela, že by ji něco takového mohlo potkat. Během léčby Kubista velmi zeslábla a zeslábla. Přišla o všechny vlasy a měla chuť to vzdát. Věděla však, že se nemůže vzdát, ne když jsou tu stále lidé, kteří její umělecké dílo ve svém životě potřebují. S pomocí **rodiny** a přátel Kubista s rakovinou tvrdě bojovala a nakonec ji porazila. Po překonání rakoviny se Kubista rozhodla ukončit svou uměleckou činnost. Chtěla trávit více času se svou rodinou a užívat si zbytek života.

blev Kubista kontaktad av en kvinna som ville beställa ett verk till sitt nya hem. Kvinnan berättade för Kubista att hon ville ha något **speciellt**, något som skulle få henne att känna sig lycklig varje gång hon såg det. Efter att ha tänkt på saken ett tag kom Kubista på den perfekta idén. Hon skapade en väggmålning av en förtrollad skog, komplett med älvor, alver och andra magiska varelser. Kvinnan var mycket nöjd med resultatet och hängde upp väggmålningen i sitt vardagsrum där hon kunde se den varje dag. Kubistas **konstverk** fortsätter att skapa glädje i människors liv.

Hon är verkligen unik och kommer alltid att bli ihågkommen som en av vår tids mest **begåvade** konstnärer. Kubistas liv tog en vändning när hon fick diagnosen cancer. Hon var bara fyrtiofem år gammal. Läkarna sa att den var **aggressiv och** att hon inte hade mycket tid kvar. Kubista var förkrossad. Hon hade alltid varit frisk och hade aldrig trott att något sådant här skulle hända henne. Under behandlingen blev Kubista mycket svag och bräcklig. Hon tappade allt sitt hår och kände att hon ville ge upp. Men hon visste att hon inte kunde ge upp, inte när det fortfarande fanns människor som behövde hennes konstverk i sina liv. Med hjälp av sin **familj** och sina vänner kämpade Kubista hårt mot cancern och besegrade den till slut. Efter att ha besegrat cancern bestämde sig Kubista för att dra sig tillbaka från sitt konstnärskap. Hon ville tillbringa mer tid med sin familj och njuta av resten av sitt liv.

Otázky s porozuměním

1. Co dělala Kubista, když jí bylo pět let?

2. Co dělala Kubista, když dokončila vysokou školu?

3. Čím byla Kubistova galerie známá?

4. Co vytvořil Kubista pro ženu, která si dílo objednala?

5. Jak se změnil Kubistův život, když jí byla diagnostikována rakovina?

6. Co dělal Kubista poté, co porazil rakovinu?

7. Jaký je Kubistův umělecký odkaz?

8. Proč si Kubistini rodiče vyfotili dům, který vyrobila, když jí bylo pět let?

9. Jak se Kubista cítila, když jí poprvé diagnostikovali rakovinu?

10. Čemu se chtěla Kubista věnovat po odchodu do důchodu?

Frågor om förståelse

1. Vad gjorde Kubista när hon var fem år gammal?

2. Vad gjorde Kubista när hon gick ut skolan?

3. Vad var Kubistas galleri känt för?

4. Vad skapade Kubista för kvinnan som beställde ett verk?

5. Hur förändrades Kubistas liv när hon fick diagnosen cancer?

6. Vad gjorde Kubista efter att ha besegrat cancern?

7. Vad är Kubistas arv som konstnär?

8. Varför tog Kubistas föräldrar en bild av huset som hon byggde när hon var fem år?

9. Hur kände Kubista sig när hon först fick diagnosen cancer?

10. Vad ville Kubista ägna mer tid åt efter att hon dragit sig tillbaka från konstnärskapet?

Na pláži

Po východu slunce jsou vlny hlasitější a písek nad přílivem je bílý. Jdu dolů na pláž a **obdivuji** moře a slunce. Prsty u nohou cítím rýhy mušlí. Písek mě studí na prstech. Usmívám se a jdu dál. Příliv je vysoký, takže si musím dávat pozor, aby mě nevtáhl dovnitř. Procházím se po břehu a obdivuji moře. Vychází **krásné** slunce a vlny se rozbíjejí. Cítím se tak klidně. Přicházím k místu, kde je skalní výběžek. Posadím se a pozoruji vlny. Voda je tak modrá a obloha tak **oranžová**. Připadám si jako ve snu. Zavřu oči a jen poslouchám vlny. Sedím tam dlouho, dokud neuslyším, jak někdo volá mé jméno.

Otevřu oči a vidím, jak ke mně jde máma. Ve tváři má ustaraný výraz. Usměju se a zamávám jí a ona **se uklidní**. "Zajímalo mě, kam jsi šla," řekne. "Jsem ráda, že se ti na pláži líbí." Odpovídám: "To ano." "Je tu tak krásně." "Já vím," řekne. "Když jsem byla ve tvém věku, chodívala jsem sem pořád." "Vážně?" Zeptám se. "Jo," odpoví. "Je to zvláštní místo." "Potkala jsi tady někdy někoho zvláštního?" Zeptám se. "Potkala," odpoví s úsměvem. "S tvým otcem." "Opravdu?" Řeknu **překvapeně**. "Ano," řekne. "Chodili jsme sem spolu pořád. Tady jsme se do sebe zamilovali. " Usměju se a **představím si, jak se** moji rodiče zamilovali na téhle

På stranden

Efter soluppgången är vågorna högre och sanden ovanför tidvattnet är vit. Jag går ner till stranden och **beundrar** havet och solen. Mina tår känner skalens rännor. Sanden är kall på mina tår. Jag ler och fortsätter att gå. Tidvattnet är högt, så jag måste vara försiktig så att jag inte dras in. Jag går längs vattenkanten och beundrar havet. Soluppgången är **vacker och** vågorna slår mot varandra. Jag känner mig så fridfull. Jag kommer till en plats där det finns en klippavsats. Jag sätter mig ner och tittar på vågorna. Vattnet är så blått och himlen är så **orange**. Det känns som om jag befinner mig i en dröm. Jag blundar och lyssnar bara på vågorna. Jag satt där länge tills jag hörde någon ropa mitt namn.

Jag öppnar ögonen och ser min mamma gå mot mig. Hon har en orolig blick i ansiktet. Jag ler och vinkar och hon **slappnar av**. “Jag undrade vart du tog vägen”, säger hon. “Jag är glad att du njuter av stranden.” Jag svarar: “Det gör jag.” “Det är så vackert här.” “Jag vet”, säger hon. “Jag brukade komma hit hela tiden när jag var i din ålder.” “Verkligen?” Jag frågar. “Ja”, svarar hon. “Det är ett speciellt ställe.” “Träffade du någonsin någon speciell person här?” Jag frågar. “Det har jag gjort”, svarar hon med ett leende. “Din far.” “Verkligen?”

krásné pláži. “Je to zvláštní místo,” opakuje. “Jsem ráda, že jsi sem dnes přišel.”

Ještě chvíli tam sedíme a **pozorujeme** vlny a západ slunce. Pak se zvedáme a vracíme se k ručníkům. Lehnu si a dívám se na hvězdy. Cítím se tak šťastná a spokojená. Vlny jsou teď hlasitější a písek je studený. Slunce zapadá a fouká chladný vánek. Vlny se tříští o břeh a ve vzduchu je cítit sůl. Je to dokonalý večer pro pobyt na pláži. Procházím se po pobřeží, **poslouchám** šumění vln a pozoruji západ slunce. Vidím skupinku lidí, kteří sedí na písku, smějí se a vtipkují. Vypadají, že se skvěle baví. Přistoupím k nim a zeptám se, jestli se k nim můžu přidat. Souhlasí a zbytek večera strávíme povídáním, smíchem a pozorováním **západu slunce**. Je to dokonalý večer. Se skupinou si povídáme až do západu slunce. Sdílíme historky a vtipy a všichni se skvěle bavíme. Jak se začíná stmívat, začínáme se všichni cítit unavení. Políbíme se na **rozloučenou** a rozcházíme se. Vracím se do hotelu a cítím se šťastný a spokojený. Nemůžu uvěřit, jak je tu krásně. Jsem šťastná, že jsem to mohla **zažít.**

Jag säger **förvånad**. "Ja", säger hon. "Vi brukade komma hit hela tiden tillsammans. Det var här vi blev förälskade. " Jag ler och **föreställer mig** mina föräldrar som förälskade sig på denna vackra strand. "Det är en speciell plats", upprepar hon. "Jag är glad att du kom hit i dag."

Vi sitter där ett tag till och **tittar på** vågorna och solnedgången. Sedan reser vi oss upp och går tillbaka till våra strandhanddukar. Jag lägger mig ner och tittar på stjärnorna. Jag känner mig så lycklig och nöjd. Vågorna är högre nu och sanden är kall. Solen håller på att gå ner och en sval bris blåser. Vågorna slår mot stranden och doften av salt ligger i luften. Det är en perfekt kväll att vara på stranden. Jag går längs stranden, **lyssnar** på vågornas ljud och tittar på solnedgången. Jag ser en grupp människor som sitter i sanden och skrattar och skämtar. De ser ut att ha det jättebra. Jag går fram till dem och frågar om jag får göra dem sällskap. De säger ja och vi tillbringar resten av kvällen med att prata, skratta och titta på **solnedgången**. Det är en perfekt kväll. Gruppen och jag pratar tills solen går ner. Vi delar med oss av historier och skämt och vi har alla väldigt roligt. När kvällen börjar falla börjar vi alla känna oss trötta. Vi kysser varandra **adjö** och går skilda vägar. Jag går tillbaka till mitt hotell och känner mig lycklig och nöjd. Jag kan inte fatta hur härligt det är här. Jag är så lyckligt lottad som har fått **uppleva** det.

Otázky s porozuměním

1. Kam jde vypravěčka po probuzení?

2. Co vypravěč obdivuje, když se prochází po pláži?

3. Na co si musí vypravěč dávat pozor, když se prochází po pláži?

4. Kam se vypravěč posadí, aby se pokochal výhledem?

5. Jak dlouho tam vypravěč sedí?

6. Koho vypravěč vidí, když znovu otevře oči?

7. Co říká vypravěčova matka?

8. O čem vypravěč a lidé, které potkává, mluví?

Frågor om förståelse

1. Vart går berättaren efter att hon vaknat?

2. Vad beundrar berättaren när hon går längs stranden?

3. Vad måste berättaren se upp för när hon går längs stranden?

4. Var sätter sig berättaren för att njuta av utsikten?

5. Hur länge sitter berättaren där?

6. Vem ser berättaren när hon öppnar ögonen igen?

7. Vad säger berättarens mamma?

8. Vad pratar berättaren och de människor hon träffar om?

Kempování u jezera

Jdu směrem k jezeru a **obdivuji** klidnou scenérii. Slunce praží do malého jezera, takže voda vypadá jako skleněná tabule. Jediným pohybem je občasné zavlnění, které způsobí ryba **rozrážející** hladinu. Dokonce i ptáci jako by si dávali pauzu od horka, vzduchem se nese jen zvuk cikád. **Náhle** klid naruší hlasité šplouchnutí. Z vody vyskočí velká **ryba a** snaží se chytit vážku. Ryba mine svůj cíl a se šplouchnutím spadne zpět do vody. "Páni," pomyslím si, "to byla velká ryba!". Rozhlédl jsem se kolem, jestli ji neviděl ještě někdo jiný, ale nikdo v okolí nebyl. Asi jim to budu muset říct, až se vrátím do tábora.

Horko je **úmorné a** špatně se dýchá. Vzduch je hustý a těžký jako deka, která vás obklopuje. Jedinou úlevou je voda. Je chladivá a osvěžující, jako studený nápoj v horkém dni. Zhluboka se nadechnu a ponořím se do vody. Úleva je okamžitá, jak mě chladná voda obklopí. Plavu ke dnu a pak se vracím na hladinu a cítím, jak mi voda ochlazuje tělo. Pokračuji v **plavání** koleček a užívám si úlevu od horka. Po chvíli vylezu z vody a lehnu si na trávu, aby mi slunce osušilo tělo. Zavřu oči a usnu, zvuk **cikád** mě ukolébá do hlubokého spánku. Nechávám slunce, aby mi z kůže vypeklo vodu. Cítím, jak mi rudne kůže, ale je mi to jedno. Je mi příliš

Camping vid sjön

Jag går mot sjön och **beundrar den** fridfulla scenen. Solen slår ner på den lilla sjön och får vattnet att se ut som en glasskiva. Den enda rörelsen är enstaka krusningar från en fisk som **bryter** ytan. Till och med fåglarna verkar ta en paus från värmen, endast ljudet av cikador fyller luften. **Plötsligt** bryts lugnet av ett högt plask. En stor **fisk** har hoppat upp ur vattnet och försöker fånga en trollslända. Fisken missar sitt mål och faller tillbaka i vattnet med ett plask. "Wow", tänker jag för mig själv, "det var en stor fisk!". Jag tittade mig omkring för att se om någon annan hade sett den, men det fanns ingen i närheten. Jag antar att jag får berätta för dem när jag kommer tillbaka till lägret.

Värmen är **tryckande och det är** svårt att andas. Luften är tjock och tung, som en filt som sveps runt dig. Den enda lättnaden finns i vattnet. Det är svalt och uppfriskande, som en kall dryck en varm dag. Jag tar ett djupt andetag och dyker ner i vattnet. Lättnaden är omedelbar när det svala vattnet omger mig. Jag simmar ner till botten och sedan tillbaka upp till ytan och känner hur vattnet kyler min kropp. Jag fortsätter att **simma** varv, och njuter av andningen från värmen. Efter ett tag stiger jag upp ur vattnet och lägger mig på gräset för att låta solen torka min kropp. Jag sluter ögonen och

horko na to, aby mi to vadilo. vzápětí si uvědomím, že slunce zapadá. Obloha je krásně oranžová s růžovými a fialovými pruhy. Horko je pryč, nahradil ho chladný **vánek**.

Vstávám, oblékám se a cítím se svěží a omlazená. Zhluboka **se nadechnu** chladného vzduchu a usměju se. Je příjemné být naživu. Vracím se do kempu a obdivuji, jak barvy tančí na obloze. V dálce vidím hořící táborák a ve vzduchu cítím kouř. Usměju se a **zrychlím** krok. Jsem připravená odpočívat a užívat si zbytek večera. Vcházím do tábořiště a vidím, že se všichni shromáždili kolem ohně. **Smějí se** a vtipkují a já vidím, jak se jim oheň odráží v očích. Usměju se a posadím se vedle svých přátel. Je dobré být zpátky. Druhý den ráno vstávám brzy a začínám si balit věci. Nemůžu se dočkat, až se vrátím na stezku a budu pokračovat v cestě. Rozloučím se s přáteli a začnu odcházet. Během chůze se naposledy podívám na **tábořiště**. V dálce vidím stále hořící oheň a ve vzduchu cítím kouř. Usměju se a zrychlím krok. Jsem připravená pokračovat v **cestě**.

somnar, ljudet av **cikadorna** vaggar mig in i en djup sömn. Jag låter solen bränna vattnet ur min hud. Jag känner hur min hud blir röd, men jag bryr mig inte. Jag är för varm för att bry mig. nästa sak jag vet är att solen går ner. Himlen är vackert orange med strimmor av rosa och lila. Hettan är borta och ersätts av en sval **bris**.

Jag reser mig upp och tar på mig kläderna igen, känner mig fräsch och föryngrad. Jag tar ett djupt **andetag** av den svala luften och ler. Det känns bra att vara vid liv. Jag går tillbaka till lägerplatsen och beundrar hur färgerna dansar på himlen. Jag ser lägerelden brinna i fjärran och känner lukten av rök i luften. Jag ler och **ökar** tempot. Jag är redo att slappna av och njuta av resten av kvällen. Jag går in på lägerplatsen och ser att alla är samlade runt elden. De **skrattar** och skämtar, och jag kan se elden spegla sig i deras ögon. Jag ler och sätter mig bredvid mina vänner. Det är skönt att vara tillbaka. Nästa morgon vaknar jag tidigt och börjar packa mina saker. Jag är ivrig att komma tillbaka på leden och fortsätta min resa. Jag tar farväl av mina vänner och börjar gå iväg. När jag går tar jag en sista titt på **lägerplatsen**. Jag kan se att elden fortfarande brinner i fjärran och jag kan känna lukten av rök i luften. Jag ler och ökar tempot. Jag är redo att fortsätta min resa.

Otázky s porozuměním

1. Kam chodec jde?

2. Jaké je počasí?

3. Jak vypadá voda?

4. Jak chodec reaguje na teplo?

5. Co dělá ryba?

6. Proč je chodec sám?

7. Jaký je pocit z vody?

8. Jak se chodec cítí po plavání?

9. V kterou denní dobu se chodec probudí?

10. Kam jde chodec, když opustí tábor?

Frågor om förståelse

1. Vart är gående på väg?

2. Vilket väder är det?

3. Hur ser vattnet ut?

4. Hur reagerar gående på värmen?

5. Vad gör fisken?

6. Varför är vandraren ensam?

7. Hur känns vattnet?

8. Hur känner sig gångaren efter simningen?

9. Vilken tid på dygnet är det när den rullatorn vaknar?

10. Vart tar vandraren vägen när han lämnar lägret?

Dům

Minulý týden jsem se přestěhovala do svého nového domu a jsem z toho tak **nadšená**! Je mnohem větší než můj starý a má velkou zahradu. Nemůžu se dočkat, až k nám budou chodit přátelé na grilování a večírky. **Nejraději mám** svou novou ložnici. Je tak velká a světlá a mám tam spoustu místa na všechny své věci. Jsem se svým novým domem opravdu spokojená a myslím, že tu budu velmi šťastná. Rozhodla jsem se dům ještě trochu prozkoumat. Vyšla jsem nahoru do druhého patra a začala jsem se ubírat do kuchyně, když jsem na zdi uviděla velkého černého pavouka! Vykřikla jsem a běžela dolů. Byla jsem tak **vyděšená**! Ale po několika minutách jsem se uklidnila a rozhodla se vrátit nahoru. Pomalu jsem došla do kuchyně a uviděla, že pavouk je pryč. Tolik se mi ulevilo! Vrátila jsem se dolů a rozhodla se jít ven prozkoumat **dvorek**. Byl tak velký! Nemohla jsem tomu uvěřit. V rohu jsem uviděla houpačku a skluzavku. Také jsem viděla basketbalovou síť a **trampolínu**. Byla jsem tak nadšená!

Nemůžu se dočkat, až budu moci všechny tyto nové věci používat. Přišli **sousedé** a představili se. Vypadali opravdu mile a chvíli jsme si povídali. Pozvali mě na grilování příští víkend a já jsem řekl, že rád přijdu. První týden v novém domě jsem si užila a těším se na všechna nová dobrodružství, která mě čekají. Dnes

Huset

Jag flyttade in i mitt nya hus förra veckan, och jag är så **glad**! Det är så mycket större än mitt gamla och har en stor bakgård. Jag kan inte vänta på att få bjuda in vänner till grillkvällar och fester. Min favoritdel är mitt nya sovrum. Det är så stort och ljust, och jag har massor av utrymme att ställa alla mina saker. Jag är verkligen nöjd med mitt nya hus och jag tror att jag kommer att bli väldigt lycklig här. Jag bestämde mig för att utforska huset lite mer. Jag gick upp till andra våningen och började ta mig till köket när jag såg en stor svart spindel på väggen! Jag skrek och sprang ner för trappan. Jag var så **rädd**! Men efter några minuter lugnade jag mig och bestämde mig för att gå upp igen. Jag tog mig sakta fram till köket och såg att spindeln var borta. Jag var så lättad! Jag gick ner igen och bestämde mig för att gå ut och utforska **bakgården**. Den var så stor! Jag kunde inte tro det. Jag såg en gungställning i hörnet och en rutschkana. Jag såg också ett basketnät och en **studsmatta**. Jag var så uppspelt!

Jag kan inte vänta på att få använda alla dessa nya saker. **Grannarna** kom över och presenterade sig. De verkade riktigt trevliga och vi pratade en stund. De bjöd in mig till deras grillfest nästa helg, och jag sa att jag gärna vill komma. Jag har haft en fantastisk första vecka i mitt nya hus, och jag är förväntansfull

se chystám znovu prozkoumat zahradu a zjistit, co ještě najdu. Kdo ví, třeba najdu i nějaký **poklad**. Už se nemůžu dočkat, co přinese příští týden! Další týden jsem se opět vydal na průzkum na dvorek a našel jsem **tajnou** zahradu. Byla tak krásná! Všude byly květiny a malé jezírko s rybami. Také jsem viděla houpačku, kterou jsem předtím neviděla. Byla jsem tak nadšená, že jsem tu tajnou zahradu našla, a už se nemůžu dočkat, až ji budu zkoumat dál. Bylo to tak **krásné**!

Všude byly květiny a rybníček s rybami. Také jsem viděla houpačku, kterou jsem předtím neviděla. Byla jsem nadšená, že jsem tuhle tajnou zahradu našla, a už se nemůžu dočkat, až ji budu moct prozkoumat víc. Také se mi líbil můj nový pokoj. Byl tak velký a světlý a na stěnách už visely plakáty mých oblíbených kapel. Dokonce jsem si ani nemusela brát žádný vlastní **nábytek,** protože už tu byla postel, komoda a psací stůl. Tohle bude ten nejlepší rok vůbec! Byla jsem trochu nervózní z toho, že začínám v nové **škole,** ale všichni moji noví sousedé byli tak přátelští. Dokonce jsem se seznámila s dívkou, která bydlí vedle, a ta říká, že se mnou první den půjde do školy pěšky. Můj nový dům se mi moc líbí a jsem nadšená, že můžu začít novou kapitolu svého života! Zítřek bude skvělý! Jsem zvědavá, jaká dobrodružství mě čekají.

inför alla nya äventyr som väntar. I dag ska jag gå på upptäcktsfärd i trädgården igen och se vad mer jag kan hitta. Vem vet, kanske hittar jag till och med en **skatt**. Jag kan inte vänta på att se vad nästa vecka kommer att föra med sig! Nästa vecka gick jag på upptäcktsfärd i trädgården igen och hittade en **hemlig** trädgård. Den var så vacker! Det fanns blommor överallt och en liten damm med fiskar i. Jag såg också en gungställning som jag inte hade sett förut. Jag blev så glad över att hitta den här hemliga trädgården och jag kan inte vänta på att utforska den mer. Den var så **vacker**!

Det fanns blommor överallt och en liten damm med fiskar i. Jag såg också en gungställning som jag inte hade sett förut. Jag var så glad över att hitta den här hemliga trädgården och jag kan inte vänta på att utforska den mer. Jag älskade också mitt nya rum. Det var så stort och ljust, och det fanns redan affischer med mina favoritband på väggarna. Jag behövde inte ens ta med mig några egna **möbler** eftersom det redan fanns en säng, en byrå och ett skrivbord här. Det här kommer att bli det bästa året någonsin! Jag var lite nervös över att börja på en ny **skola,** men alla mina nya grannar har varit så vänliga. Jag har till och med träffat en tjej som bor bredvid och hon säger att hon ska gå till skolan med mig på min första dag. Jag älskar mitt nya hus, och jag är så glad över att börja detta nya kapitel i mitt liv! Morgondagen kommer att bli fantastisk! Jag undrar vilka äventyr som väntar.

Otázky s porozuměním

1. Kde daná osoba žije?

2. Jak se mu v novém domě líbí?

3. Jaká je oblíbená část nového domu?

4. Co našel v zahradě?

5. Kdo jsou sousedé?

6. Jaké byly první dny v novém domě?

7. Jaká je oblíbená část nového pokoje?

8. Co má tato osoba v plánu dělat zítra?

9. Jaký byl nejlepší první týden v novém domě?

10. Co všechno je v novém pokoji této osoby?

Frågor om förståelse

1. Var bor personen?

2. Hur trivs personen i det nya huset?

3. Vad är personens favoritdel i det nya huset?

4. Vad hittade personen i trädgården?

5. Vilka är grannarna?

6. Hur kändes de första dagarna i det nya huset?

7. Vad är personens favoritdel i det nya rummet?

8. Vad planerar personen att göra i morgon?

9. Vad var det bästa med personens första vecka i det nya huset?

10. Vad finns i personens nya rum?

Ve vlaku

Běžel jsem na nádraží, ale přišel jsem pozdě. Vlak už odjel beze mě. Cítila jsem se **naštvaná** a **zklamaná** sama sebou. Chtěla jsem jet vlakem za prarodiči, kteří žijí na venkově, ale teď budu muset čekat celou hodinu na další vlak. Rozhodla jsem se, že se místo toho budu chvíli procházet po městě, a snažila se zapomenout na promarněnou příležitost. Během chůze jsem začala **snít o** všech místech, kam vás **vlak** může dovézt. Najednou už jsem nebyl tak naštvaný. Zamířil jsem zpátky na nádraží a nemohl si nevšimnout velké červenobílomodré lokomotivy, která si to ke mně šinula. Teprve když vidím **průvodčího, jak** na mě mává z okna, uvědomím si, že tenhle vlak je pro mě. Nastoupím do vlaku, najdu si své místo a usadím se na místo, které slibuje dlouhou cestu.

Když vyjíždíme z nádraží, nemůžu si pomoct, ale přemýšlím, kam mě tenhle vlak zaveze. Přes zelená **pole** a modré řeky, kolem hor a údolí, nikdo neví, kam tenhle starý vlak pojede. Když se začne stmívat, upadám do **klidného** spánku, ukolébáván **rytmickým** pohybem vagónů na kolejích pod sebou. Když se ráno opět rozední, otevřu oči a zjistím, že jsme dorazili do malého městečka kdesi uprostřed ničeho. Slunce právě vykukuje nad obzor, když se na hlavní ulici začínají

På tåget

Jag sprang till tågstationen, men det var för sent. Tåget hade redan gått utan mig. Jag kände mig så **arg** och **besviken** på mig själv. Jag hade planerat att ta tåget för att besöka mina morföräldrar som bor på landet, men nu skulle jag behöva vänta en hel timme på nästa tåg. Jag bestämde mig för att gå runt i staden en stund i stället och försökte glömma min missade möjlighet. Medan jag gick började jag **dagdrömma** om alla de platser som **tågen** kan ta en till. Plötsligt var jag inte längre så upprörd. Jag går tillbaka in på stationen och kan inte låta bli att lägga märke till det stora röda, vita och blå lokomotivet som tuffar fram mot mig. Det är inte förrän jag ser **konduktören** vinka till mig från fönstret som jag förstår att det här tåget är till mig. Jag går ombord på tåget och hittar min plats och sätter mig ner för vad som lovar att bli en lång resa.

När vi lämnar stationen kan jag inte låta bli att undra vart tåget kommer att ta mig. Genom gröna **fält** och över blå floder, förbi berg och dalar, det går inte att säga vart det här gamla tåget kommer att ta vägen. När mörkret börjar falla glider jag in i en **fridfull** sömn, vaggad av den **rytmiska** rörelsen av vagnarna på spåren nedanför. När morgonen kommer igen öppnar jag ögonen och upptäcker att vi har anlänt till en liten

trousit místní obyvatelé; vypadá to tu jako každý jiný den až na jednu věc - u radnice je vyvěšena velká cedule s nápisem “Vítejte na palubě!”. Zdá se, že nás tohle městečko očekává, i když jsme jen obyčejný **osobní** vlak, který tudy projíždí na cestě jinam. Když necháváme město opět za sebou a řítíme se kdoví kam dál, usmívám se na všechny ty přátelské tváře, které nám mávají na rozloučenou z malých domků zasazených mezi **zemědělskou půdou -** je opravdu úžasné, jak něco tak zdánlivě obyčejného může přinést tolik radosti už jen tím, že tudy projíždíme. A pak jsou tu samozřejmě **děti**.

Vykláním se z okna lokomotivy. Vždycky mě potěší svýma zářícíma očima a širokým úsměvem. Energicky jsem jim zamával zpátky, než jsem se vrátil do své **kabiny** a posadil se. Už tak to byl dlouhý den, ale ještě není u konce; do našeho konečného **cíle zbývá** ještě několik hodin. Vytáhnu knihu a začnu si číst, nechám se ukolébat rytmickým houpáním vlaku. Každou chvíli se podívám na krajinu, která se míhá venku - nikdy mě neomrzí, ať ji vidím kolikrát chci. Nakonec se začne stmívat a v dálce se objeví **blikající** světla; už se blížíme.

stad någonstans mitt ute i ingenstans. Solen tittar precis över horisonten när lokalbefolkningen börjar mingla runt på Main Street; det ser ut som vilken dag som helst här förutom en sak - det finns en stor skylt uppsatt nära stadshuset där det står “Välkommen ombord!”. Det verkar som om den här lilla staden har väntat på oss, trots att vi bara är ett vanligt passagerartåg som passerar på väg någon annanstans. När vi återigen lämnar staden bakom oss och tuffar vidare mot vem vet vart vi ska, ler jag åt alla vänliga ansikten som vinkar adjö från de små husen som ligger inbäddade bland **jordbruksmarken - det** är verkligen fantastiskt hur något så till synes ordinärt kan ge så mycket glädje bara genom att passera. Och sedan finns det naturligtvis **barnen**.

Jag lutar mig ut genom fönstret på mitt lokomotiv. De får mig alltid att känna mig så lycklig med sina lysande ögon och stora leenden. Jag vinkade energiskt tillbaka till dem innan jag återvände till min **hytt** och satte mig ner. Det har redan varit en lång dag, men den är inte över än; det är fortfarande några timmar kvar tills vi når vår **slutdestination**. Jag tar fram min bok och börjar läsa och låter tågets rytmiska gungning vagga mig in i ett lugnt tillstånd. Då och då tittar jag upp på landskapet som passerar förbi utanför - det blir aldrig gammalt hur många gånger jag än ser det. Så småningom börjar det bli mörkt och **blinkande** ljus börjar synas i fjärran; vi börjar närma oss nu.

Otázky s porozuměním

1. Kam jede vlak?

2. Kdo cestuje vlakem?

3. Kdy vlak odjíždí?

4. Jak se hlavní hrdina dostane do vlaku?

5. Odkud jede vlak?

6. Kam jede vlak příště?

7. Kdy cestující dorazili?

8. Jak se cítí hlavní hrdina, když mu ujede vlak?

9. Jak reaguje strojvedoucí, když spatří hlavního hrdinu?

10. Proč má hlavní hrdina rád vlaky?

Frågor om förståelse

1. Vart är tåget på väg?

2. Vem reser med tåget?

3. När avgår tåget?

4. Hur kommer huvudpersonen ombord på tåget?

5. Varifrån kommer tåget?

6. Vart ska tåget åka nästa gång?

7. När anlände passagerarna?

8. Hur känner sig huvudpersonen när han missar tåget?

9. Hur reagerar lokföraren när han ser huvudpersonen?

10. Varför gillar huvudpersonen tåg?

Vaření večeře

Je pět hodin odpoledne a já jdu z práce domů. **Těším se na** klidný večer doma s partnerem. Uvaříme si společně večeři a pak budeme po zbytek večera jen odpočívat. Je příjemné vědět, že dnes **večer** nemám žádné plány ani povinnosti. Přijdu domů a můj partner už je v kuchyni a začíná připravovat naši večeři. **Úžasně** to tu voní! Při vaření si povídáme, navzájem si vyprávíme o svých dnech a sdílíme drobné historky z pracovního života. Kuchyně je moje nejoblíbenější místnost v našem bytě. Ráda vařím a obzvlášť ráda vařím se svým partnerem. Vždycky se tu dobře bavíme, smějeme se a vtipkujeme, zatímco vaříme jako o život. Navíc když pracujeme **společně,** jídlo je vždycky **neuvěřitelné**.

Dnes večer připravujeme jeden z mých nejoblíbenějších receptů: **kuře na** parmazánu. Můj partner začne s obalováním kuřete, zatímco já na **plotně** vařím omáčku. Pracujeme společně jako dobře namazaný stroj a za chvíli je večeře připravená k podávání. Sedíme u našeho malého kuchyňského stolu s **talíři** plnými kuřecího parmezánu, těstovin a salátu. Cinkneme skleničkami a dáme si první sousto - a je to **božské**! Kuře je zvenku křupavé, ale uvnitř šťavnaté, omáčka

Matlagning av middag

Klockan är 17.00 och jag går hem från jobbet. Jag ser **fram emot en** lugn kväll hemma med min partner. Vi ska laga middag tillsammans och sedan bara slappna av resten av kvällen. Det känns skönt att veta att jag inte har några planer eller skyldigheter den här **kvällen**. Jag kommer hem och min partner står redan i köket och börjar förbereda vår middag. Det luktar **fantastiskt** här inne! Vi pratar medan vi lagar mat, tar del av varandras dagar och delar med oss av små historier från våra arbetsliv. Köket är mitt favoritrum i vår lägenhet. Jag älskar att laga mat, och jag älskar särskilt att laga mat tillsammans med min partner. Vi har alltid så roligt här inne, skrattar och skämtar medan vi lagar en storm. Dessutom blir maten alltid **otrolig** när vi arbetar **tillsammans**.

Ikväll ska vi laga ett av mina absoluta favoritrecept: **kyckling** parmesan. Min partner börjar med att panera kycklingen medan jag får såsen att sjuda på **spisen**. Vi arbetar tillsammans som en väloljad maskin och snart är middagen klar att serveras. Vi sätter oss vid vårt lilla köksbord med **tallrikar** fulla med kyckling parmesan, pasta och sallad. Vi klinkar i glasen och tar vår första tugga - och den är **himmelsk**! Kycklingen är krispig

je aromatická a dokonalá, těstoviny jsou uvařené al dente... všechno dnes večer chutná naprosto dokonale. Oba víme, že tohle byl jeden z těch večerů, kdy se všechno dokonale spojilo a my **si vychutnáváme** každé sousto našeho lahodného jídla. Chutnalo to ještě lépe, než to vonělo - což bylo zatraceně dobré! Jídlo dojíme poměrně rychle, protože ani jeden z nás dnes nemá zvláštní hlad, ale nespěcháme a vychutnáváme si ještě několik **skleniček** vína, zatímco si lehce povídáme na to či ono téma. Po večeři společně rychle uklidíme a pak se přesuneme do obývacího pokoje, kde strávíme nějaký čas **mazlením se** na gauči při sledování televize.

Po dlouhém dni stráveném odděleně v **práci je** to tak příjemné být si nablízku. Cítím se spokojeně. I když jsme neměli žádný rušný večer, bylo příjemné strávit spolu nějaký čas, aniž bychom museli opustit dům. Podívali jsme se na film a šli brzy spát, protože jsme byli **spokojení s** naší jednoduchou nocí. Tohle se stalo jednou z našich **oblíbených činností pro** večery, kdy se nám nechce nikam chodit - prostě si odpočineme doma a užíváme si vzájemnou společnost u domácího jídla. Je vždycky příjemné vědět, že se sem můžeme po dlouhém dni vrátit a být sami sebou. **Nakonec** oba začneme zívat, a tak se rozhodneme jít nahoru do postele, kde si chvíli čteme, než se zachumláme pod peřinu a tvrdě usneme.

på utsidan men saftig på insidan, såsen är smakrik och perfekt, pastan är kokt al dente... allt smakar helt perfekt i kväll. Vi vet båda att det här var en av de kvällar där allting bara kom samman perfekt när vi **njuter av** varenda tugga av vår utsökta måltid. Den smakade ännu bättre än den luktade - vilket var jäkligt bra! Vi äter upp vår måltid relativt snabbt eftersom ingen av oss är särskilt hungrig idag, men vi tar oss tid att njuta av ytterligare några **glas** vin medan vi pratar lättsamt om det ena eller andra ämnet. Efter middagen städar vi snabbt tillsammans och flyttar sedan in i vardagsrummet där vi tillbringar lite tid med att **mysa** i soffan medan vi tittar på TV.

Det känns så skönt att bara vara nära varandra efter en lång **arbetsdag**. Jag känner mig nöjd. Även om vi inte hade någon händelserik kväll var det trevligt att bara tillbringa lite tid tillsammans utan att behöva lämna huset. Vi tittade på en film och gick tidigt till sängs och kände oss **nöjda** med vår enkla kväll. Detta har blivit en av våra favoritsaker att göra på kvällar när vi inte vill gå ut - bara koppla av hemma och njuta av varandras sällskap över en hemlagad måltid. Det är alltid trevligt att veta att vi kan komma tillbaka hit efter en lång dag och bara vara oss själva. **Så småningom** börjar vi båda gäspa, så vi bestämmer oss för att gå upp till sängen, där vi läser en stund innan vi myser tätt intill varandra under täcket och somnar ordentligt.

Otázky s porozuměním

1. Odkud pochází vypravěč?

2. Co dělá vypravěč po práci?

3. Co vypravěč jí k večeři?

4. Proč má vypravěč rád kuchyni?

5. Jaký pokrm dvojice vaří?

6. Jak se vypravěč cítí na konci večera?

7. Co pár nejraději dělá?

8. Co dělají manželé, když jsou unavení?

9. Kde spí?

10. Proč vypravěč rád zůstává doma?

Frågor om förståelse

1. Varifrån kommer berättaren?

2. Vad gör berättaren efter jobbet?

3. Vad äter berättaren till middag?

4. Varför gillar berättaren köket?

5. Vilken typ av maträtt lagar paret?

6. Hur känner sig berättaren i slutet av kvällen?

7. Vad är parets favoritsak att göra?

8. Vad gör paret när de blir trötta?

9. Var sover de?

10. Varför vill berättaren stanna hemma?

Chůze domů

Když jsem šel z práce domů, byl **klidný** večer. Při chůzi jsem se nemohl ubránit úsměvu při vzpomínkách. Bylo příjemné být zpátky ve své staré čtvrti. Zamával jsem několika známým a oni mi zamávali zpátky. Bylo dobré být doma. Procházel jsem kolem své staré školy a **vzpomínal na** všechny ty hezké chvíle, které jsem prožil se svými přáteli. Vždycky jsme šli domů společně a povídali si o tom, co jsme prožili. **Někdy** jsme se zastavili na zmrzlinu nebo šli do parku. To byly ty nejlepší časy. Stýská se mi po nich. Ale teď mám vlastní rodinu a jsem se svým životem spokojená. Jsem ráda, že se na ty vzpomínky můžu podívat a usmívat se. Jsou součástí mého života, které si budu vždycky vážit. Byly to ty nejlepší časy. Chybí mi ty časy. Ale teď mám vlastní rodinu a jsem se svým životem spokojená. Jsem rád, že se na ty **vzpomínky** mohu ohlédnout a usmívat se. Jsou součástí mého života, které si budu vždy vážit.

Jdu dál a vzpomínám na hezké chvíle, které jsem prožil se svými přáteli. Vím, že je brzy zase uvidím. Mířím ke svému domovu a rozhodnu se projít nedalekým parkem. Slunce zapadá a obloha se zbarvuje do **krásné** oranžové barvy. Park je prázdný, až na pár ptáků, kteří cvrlikají na stromech. Zhluboka **se nadechnu** a usměju se. Když procházím parkem,

Att gå hem

Det var en **lugn** natt när jag gick hem från jobbet. När jag gick kunde jag inte låta bli att le åt minnena. Det kändes bra att vara tillbaka i mitt gamla kvarter. Jag vinkade till några personer som jag kände och de vinkade tillbaka. Det var skönt att vara hemma. Jag gick förbi min gamla skola och **mindes** alla goda stunder som jag hade haft med mina vänner. Vi brukade alltid gå hem tillsammans och prata om vår dag. **Ibland** stannade vi och köpte glass eller gick till parken. Det var de bästa tiderna. Jag saknar dessa tider. Men nu har jag min egen familj och är nöjd med mitt liv. Jag är glad att jag kan se tillbaka på dessa minnen och le. De är en del av mitt liv som jag alltid kommer att uppskatta. Det var den bästa tiden. Jag saknar den tiden. Men nu har jag min egen familj och är lycklig med mitt liv. Jag är glad att jag kan se tillbaka på dessa **minnen** och le. De är en del av mitt liv som jag alltid kommer att uppskatta.

Jag fortsätter att gå och tänker på de fina stunderna med mina vänner. Jag vet att jag snart kommer att träffa dem igen. Jag går mot mitt hem och bestämmer mig för att gå genom en park i närheten. Solen håller på att gå ner och himlen får en **vacker** orange färg. Parken är tom, förutom några fåglar som kvittrar i träden. Jag tar ett djupt **andetag och** ler. När jag går genom parken

vidím, jak se po obloze táhne padající hvězda. Něco si k té hvězdě přeji a pokračuji v chůzi. Přemýšlím o svém dni v práci a o tom, jak byl **klidný.** Usmívám se pro sebe a přemýšlím o tom, jaké mám štěstí, že mám tak skvělou práci. Jdu domů a na kůži **cítím** chladný noční vzduch. Cítím se tak živá a šťastná, užívám si prostý akt chůze domů v klidné noci. Cítila jsem se tak dobře, že jsem **si** začala **pískat**. Prošel jsem kolem několika lidí na ulici, ale všichni si hleděli svého.

Zahnul jsem za roh do své ulice a uviděl sousedovic kocoura pana Fouska, jak sedí na verandě. Pozdravil jsem ho a on mi mňouknutí oplatil. **Odemkl** jsem dveře a vešel dovnitř. Byl jsem tak šťastný, že jsem doma. Zula jsem si boty a chystala se do postele. Tu noc jsem šla spát s pocitem štěstí a vděčnosti, se srdcem plným lásky. Celou noc jsem klidně spala a o nic se nestarala. Probudila jsem se z klidného spánku a **přivítalo mě** slunce, které svítilo oknem dovnitř. Vstal jsem z postele, protáhl se, zhluboka se nadechl a cítil, jak mi chladný vzduch plní plíce. Přešla jsem k oknu a vyhlédla ven, slyšela jsem cvrlikání ptáků a hru **veverek.** Usmála jsem se a šla se obléknout, cítila jsem se šťastná a spokojená. Prožila jsem skvělý den, strávila jsem ho s **přáteli** a rodinou. Smála jsem se, vtipkovala a prostě **si to užívala**.

ser jag ett stjärnskott röra sig över himlen. Jag önskar mig något på den stjärnan och fortsätter att gå. Jag tänker på min dag på jobbet och hur **fridfull** den var. Jag ler för mig själv och tänker på hur lycklig jag är som har ett så bra jobb. Jag går hem och **känner den** svala nattluften på min hud. Jag känner mig så levande och lycklig, när jag bara njuter av den enkla handlingen att gå hem en lugn natt. Jag kände mig så bra att jag började **vissla**. Jag gick förbi några människor på gatan, men alla skötte sig själva.

Jag svängde runt hörnet på min gata och såg grannens katt, Mr Whiskers, sitta på min veranda. Jag sa hej till honom och han mejade tillbaka. Jag **låste upp** min dörr och gick in. Jag var så glad över att vara hemma. Jag tog av mig skorna och gjorde mig redo för sängen. Jag gick till sängs den kvällen och kände mig glad och tacksam, mitt hjärta fullt av kärlek. Jag sov gott hela natten och oroade mig inte för någonting. Jag vaknade upp från en vilsam sömn och **möttes** av solen som sken in genom mitt fönster. Jag gick upp ur sängen och sträckte mig, tog ett djupt andetag och kände hur den svala luften fyllde mina lungor. Jag gick till mitt fönster och tittade ut, hörde fåglarna kvittra och **ekorrarna** leka. Jag log och gick och klädde på mig och kände mig glad och nöjd. Jag hade haft en fantastisk dag och tillbringat tid med mina **vänner** och min familj. Jag skrattade och skämtade och bara **njöt**.

Otázky s porozuměním

1. Co dělal hlavní hrdina na začátku příběhu?

2. Na co hlavní hrdina myslel, když šel domů?

3. Co dělal hlavní hrdina s přáteli po škole?

4. Co hlavnímu hrdinovi chybí z těch časů?

5. Co si hlavní hrdina myslí o svém současném životě?

6. Co udělá hlavní hrdina, když spatří padající hvězdu?

7. Jak se hlavní hrdina cítí, když jde domů?

8. Co udělá hlavní hrdina, když se vrátí domů?

9. Jak se hlavní hrdina cítí, když se druhý den ráno probudí?

10. Co dělá hlavní hrdina následující den?

Frågor om förståelse

1. Vad gjorde huvudpersonen när berättelsen började?

2. Vad tänkte huvudpersonen på när han gick hem?

3. Vad brukade huvudpersonen göra med sina vänner efter skolan?

4. Vad saknar huvudpersonen från den tiden?

5. Vad tycker huvudpersonen om sitt nuvarande liv?

6. Vad gör huvudpersonen när de ser ett stjärnfall?

7. Hur känner sig huvudpersonen när de går hem?

8. Vad gör huvudpersonen när de kommer hem?

9. Hur känner sig huvudpersonen när han vaknar nästa morgon?

10. Vad gör huvudpersonen nästa dag?

Hrad

Rodina si vždycky přála navštívit starý hrad v **Německu,** a tak se nakonec vydala na cestu. Nebyli **zklamaní**. Zámek byl krásný a rádi si prohlédli jeho četné místnosti a chodby. První, co je zarazilo, byla vůně. Našli **plíseň**, vlhkost a ještě něco, co nedokázali přesně pojmenovat. Druhou věcí byl zvuk. Kamenné zdi jsou sice silné, ale zvuk úplně neumlčí. Slyšeli každý krok, každé slovo pronesené normálním hlasem a občasné kapání vody **někde v** dálce. Když se jejich oči přizpůsobily tlumenému světlu, uviděli kolem sebe mohutné kamenné zdi, z nichž visely gobelíny v **roztrhaných** cárech. Stáli v obrovském sále s vysokým stropem podepřeným vyřezávanými sloupy. Líbil se jim také výhled z věžiček a děti se skvěle bavily běháním po areálu. Než skončili s prohlídkou hradu, začalo zapadat **slunce a** oni litovali, že si nevzali **baterku**. Rozhodly se, že se vrátí ke vchodu, ale brzy se ztratily. Bloudili snad celé hodiny, až nakonec narazili na dveře, které vedly ven. Pokračovali dál, až **došli na** konec chodby a narazili na impozantní dvojité dveře. Ať se snažili sebevíc, dveře se nechtěly pohnout. **Zlověstně** zarachotily, ale nepohnuly se ani o píď. Vypadalo to, že ať už tu byl předtím kdokoli, musel tudy projít a zamknout je zevnitř. Nakonec se jim podařilo najít cestu ven. Když vyšli na chladný noční vzduch, zaplavila je

Slottet

Familjen hade alltid velat besöka ett gammalt slott i **Tyskland,** och till slut gjorde de resan. De blev inte **besvikna**. Slottet var vackert och de njöt av att utforska dess många rum och korridorer. Det första som slog dem var lukten. De hittade **mögel**, fukt och något annat som de inte riktigt kunde sätta fingret på. Det andra var ljudet. Stenväggar är tjocka, men de dämpar inte ljudet helt och hållet. De hörde varje fotsteg, varje ord som sades med normal röst och ibland droppade vatten **någonstans** i fjärran. När deras ögon anpassade sig till det svaga ljuset såg de massiva stenväggar som tornade upp sig runt omkring dem och från dem hängde gobelänger i **trasiga** fragment. De stod i en enorm sal med högt tak som stöddes av snidade pelare. De älskade också utsikten från tornen, och barnen hade en fantastisk tid att springa runt på området. **Solen** hade börjat gå ner när de var klara med att utforska slottet, och de ångrade att de inte hade tagit med sig en **ficklampa**. De bestämde sig för att ta sig tillbaka till ingången, men fann sig snart vilse. De vandrade runt i vad som kändes som timmar, tills de slutligen kom till en dörr som ledde ut. De fortsatte tills de **nådde** slutet av hallen och kom till en imponerande uppsättning dubbeldörrar. De försökte hur mycket de än gjorde, men dörrarna rörde sig inte. De skramlade **betänkligt**

úleva.

Slunce začalo zapadat a oni **litovali, že** si nevzali baterku. Rozhodli se vrátit ke vchodu, ale brzy zjistili, že se ztratili. Bloudili snad celé hodiny, až nakonec narazili na dveře, které vedly **ven**. Když vyšli na chladný noční vzduch, zaplavila je úleva. Dalšího večera si s sebou vzali baterku, aby prozkoumali zbytek hradu. Prošli **nádvořím a sešli** k řece, která tekla za hradbami. Jak se tak procházeli, začali slyšet podivné zvuky. Znělo to, jako by je někdo sledoval. Zrychlili krok, ale zvuky byly stále hlasitější a blíž. Rodina běžela zpátky k hradu, jak nejrychleji mohla, a s úlevou zjistila, že postava v **tmavém** plášti je nepronásleduje.

Vrátili se do svého pokoje a snažili se zapomenout na to, co se stalo, ale nemohli se zbavit pocitu, že je něco sleduje ze stínu. Jakmile byli uvnitř, **zabarikádovali** dveře a okna a zavolali policii. Byla to dlouhá noc, ale nakonec policie přijela a postavu zadržela. Později zjistili, že to byl jen místní muž, který byl známý tím, že se převlékal a strašil lidi. Dělal to už léta a byl to jen **neškodný** žert.

men rörde sig inte en tum. Det såg ut som om den som varit här tidigare måste ha gått igenom här och låst dem inifrån. Så småningom hittar de en väg ut. Lättnad sköljde över dem när de klev ut i den svala nattluften.

Solen hade börjat gå ner och de **ångrade** att de inte hade tagit med sig en ficklampa. De bestämde sig för att ta sig tillbaka till ingången, men fann sig snart vilse. De vandrade runt i vad som kändes som timmar, tills de slutligen kom till en dörr som ledde **ut**. Lättnad sköljde över dem när de klev ut i den svala nattluften. Nästa kväll såg de till att ta med sig en ficklampa när de utforskade resten av slottet. De gick genom **gården** och ner till floden som rann bakom **slottets** murar. Medan de gick runt började de höra konstiga ljud. Det lät som om någon följde efter dem. De ökade tempot, men ljuden blev högre och närmare. Familjen sprang tillbaka till slottet så fort de kunde, och de var lättade över att se att figuren i den **mörka** kappan inte hade följt efter dem.

De gick tillbaka till sitt rum och försökte glömma vad som hade hänt, men de kunde inte skaka av sig känslan av att något iakttog dem från skuggorna. När de väl var inne **barrikaderade** de dörrar och fönster och ringde polisen. Det var en lång natt, men till slut kom polisen och grep figuren. De fick senare reda på att det bara var en lokal man som var känd för att klä ut sig och skrämma folk. Han hade gjort det i flera år och det var bara ett **harmlöst** skämt.

Otázky s porozuměním

1. Co udělala rodina, když se ztratila na hradě?

2. Jak se rodina cítila, když zjistila, že to byl jen místní muž?

3. Co udělal muž, kvůli kterému byl zatčen?

4. Jaký byl rozsudek pro tohoto muže?

5. Jaký hluk rodina slyšela na procházce?

6. Kde byla postava v tmavém plášti, když ji rodina spatřila?

7. Co dělala rodina, když se vrátila do svého pokoje?

8. Kdy se rodina znovu vydala na prohlídku hradu?

9. Na co rodina nemohla přijít?

10. Co dělala rodina předtím, než se znovu vydala na průzkum hradu?

Frågor om förståelse

1. Vad gjorde familjen när de gick vilse i slottet?

2. Hur kände sig familjen när de fick reda på att det bara var en lokal man?

3. Vad gjorde mannen som gjorde att han blev arresterad?

4. Vilken var domen för mannen?

5. Vilket ljud hörde familjen när de gick?

6. Var befann sig figuren i den mörka kappan när familjen såg honom?

7. Vad gjorde familjen när de kom tillbaka till sitt rum?

8. När gick familjen på upptäcktsfärd i slottet igen?

9. Vad var det som familjen inte kunde sätta fingret på?

10. Vad gjorde familjen innan de gick på upptäcktsfärd i slottet igen?

Moje zahrada

Moje zahrada je mým šťastným místem. Chodím tam každý den, ať prší nebo svítí slunce, a trávím čas péčí o své rostliny. Mám tam od **všeho trochu - zeleninu,** ovoce, květiny, bylinky. Dokonce mám i několik slepic, které mi pomáhají držet škůdce na uzdě. Své dny na zahradě začínám sbíráním vajec od slepic. Pak zkontroluji zeleninu a ujistím se, že má dostatek vody a slunce. Vypleju záhony a vybírám brouky, kteří by mohli rostliny **napadnout.** Jakmile je o **vše postaráno,** sednu si a užívám si klidu a ticha přírody.

Vždycky jsem ráda trávila čas na zahradě. Je to něco, co mě obklopuje, když jsem obklopena přírodou a všemi jejími **krásami.** Považuji ji za velmi klidné a uklidňující místo. Často trávím čas na zahradě, jen tak odpočívám a kochám se krajinou. Ráda také pracuji na zahradě a něco na ní pěstuju. Mám docela velkou zahradu a ráda na ní pěstuju **různé** věci. Pěstuji květiny, **zeleninu** a bylinky. Mám také několik ovocných stromů, které plodí výborná jablka, hrušky a švestky. Kromě pěstování mě také baví trávit čas procházkami po zahradě a **obdivovat** všechny ty různé rostliny a zvířata, která jsou na ní doma. V průběhu let jsem strávil mnoho hodin prací na tom, aby se moje **zahrada** stala místem, které je nejen krásné, ale také funkční.

Min trädgård

Min trädgård är min lyckliga plats. Jag går ut dit varje dag, regn eller solsken, och ägnar tid åt att sköta mina växter. Jag har lite av **allt - grönsaker**, frukt, blommor och örter. Jag har till och med några höns som hjälper till att hålla skadedjuren borta. Jag börjar mina dagar i trädgården med att hämta ägg från hönorna. Sedan kollar jag mina grönsaker och ser till att de får tillräckligt med vatten och sol. Jag ogräsrensar rabatterna och plockar bort eventuella insekter som **angriper** växterna. När **allt är klart** sitter jag tillbaka och njuter av naturens lugn och ro.

Jag har alltid älskat att tillbringa tid i min trädgård. Det är något med att vara omgiven av naturen och all den **skönhet som** den har att erbjuda. Jag tycker att det är en mycket fridfull och lugnande plats. Jag tillbringar ofta tid i min trädgård med att bara koppla av och njuta av landskapet. Jag tycker också om att arbeta i min trädgård och odla saker. Jag har en ganska stor trädgård och jag tycker om att odla en mängd **olika** saker i den. Jag odlar blommor, **grönsaker** och örter. Jag har också några fruktträd som producerar läckra äpplen, päron och plommon. Förutom att odla saker tycker jag också om att bara gå runt i min trädgård och **beundra** alla olika växter och djur som bor där. Jag har

Ráda pozoruji poletující ptáky a poslouchám jejich zpěv. Někdy si dokonce vytáhnu knihu a čtu si na zahradě, zatímco jsem obklopena vší tou krásou, kterou jsem vytvořila. **Zahradničení** je moje vášeň a přináší mi tolik radosti. Každý den na mé zahradě je dobrý den.

Jednou z věcí, které ráda dělám, je vaření, takže dobře zásobená bylinková zahrádka je pro mě velmi **důležitá.** Tymián, bazalka, oregano, rozmarýn, šalvěj a levandule jsou jen některé z bylinek, které ráda pěstuju na zahradě, abych je mohla používat při přípravě jídel pro sebe nebo pro **hosty**. Další věc, která je pro mě v zahradě důležitá, je zajistit, aby byla zahrada pestrá. Abych tohoto cíle dosáhla, pěstuju nejrůznější květiny, včetně **růží**, lilií, sedmikrásek, tulipánů, impatiens, měsíčků atd. Kromě toho, že květy dodávají zahradě barvy, ráda jí také dodávám zajímavost použitím různých **textur.** Mohu například vysadit kapradiny pod vzrostlé slunečnice nebo hosty **vedle** ostnatých okrasných trav. Ať už se v životě děje cokoli, práce na zahradě mi vždy pomůže cítit se více spojená s přírodou a v klidu sama se sebou.

tillbringat många timmar under årens lopp med att göra min **trädgård** till en plats som inte bara är vacker utan också funktionell. Jag älskar att titta på fåglarna som fladdrar runt och lyssna på deras sång. Ibland tar jag till och med fram en bok och läser i trädgården medan jag är omgiven av all den skönhet som jag har skapat. **Trädgårdsarbete** är min passion och det ger mig så mycket glädje. Varje dag i min trädgård är en bra dag.

Jag älskar att laga mat och därför är det **viktigt** för mig att ha en välfylld örtträdgård. Timjan, basilika, oregano, rosmarin, salvia och lavendel är bara några av de örter som jag gillar att odla i min trädgård så att jag kan använda dem när jag lagar mat till mig själv eller till **gäster**. En annan sak som är viktig för mig när det gäller min trädgård är att se till att det finns gott om färg i hela trädgården. För att uppnå detta mål odlar jag en mängd olika blommor, bland annat **rosor**, liljor, prästkragar, tulpaner, impatiens, ringblommor osv. Förutom att ge färg med blommor gillar jag också att skapa intresse genom att använda olika **texturer i** hela trädgården. Jag kan till exempel plantera ormbunkar under höga solrosor eller hostor **tillsammans med** spetsiga prydnadsgräs. Oavsett vad som händer i livet **lyckas** arbetet i min trädgård alltid hjälpa mig att känna mig mer förknippad med naturen och känna mig i fred med mig själv.

Otázky s porozuměním

1. Kde se nachází autorova zahrada?

2. Kolik kuřat má autor?

3. Co dělá autor na zahradě každý den?

4. Proč se autorovi líbí zahrada?

5. Jaké byliny autorka na zahradě pěstuje?

6. Proč je pro autora důležité, že je v jeho zahradě mnoho barev?

7. Jak autor zpestřuje svou zahradu?

8. Jak se autor cítí, když pracuje na své zahradě?

9. Co způsobuje, že se autor cítí propojen, když je na své zahradě?

10. Proč je každý den v autorově zahradě dobrým dnem?

Frågor om förståelse

1. Var ligger författarens trädgård?

2. Hur många höns har författaren?

3. Vad gör författaren i trädgården varje dag?

4. Varför tycker författaren om trädgården?

5. Vilka örter planterar författaren i trädgården?

6. Varför är det viktigt för författaren att det finns många färger i hans trädgård?

7. Hur skapar författaren variation i sin trädgård?

8. Hur känner sig författaren när han arbetar i sin trädgård?

9. Vad är det som gör att författaren känner sig uppslukad när han är i sin trädgård?

10. Varför är varje dag i författarens trädgård en bra dag?

Nakupování

Ráda chodím **nakupovat do** obchodního centra. Je to vždycky taková zábava procházet se a prohlížet si různé obchody. V obchodním centru si každý najde něco pro sebe a vždycky se tam dají najít výhodné nabídky oblečení, bot a doplňků. **Obvykle** začínám nákupní cestu tím, že projdu hlavním **vchodem do** nákupního centra. Odtud zamířím nejprve do svých oblíbených obchodů. Po prohlédnutí těchto obchodů se projdu po okolí a zjistím, zda na jiných místech neprobíhají nějaké výprodeje. Obvykle nakonec strávím v nákupním centru několik hodin, než konečně nakoupím. Při nakupování si vždycky ráda dávám na čas, **protože si** chci být jistá, že si koupím **přesně** to, co chci. Navíc je to tak prostě větší zábava!

Vždycky mě **fascinuje** pozorovat lidi, když jsem v nákupním centru. Podle toho, jak člověk nakupuje, se toho o něm dá hodně poznat. Někteří lidé jsou velmi metodičtí a nikam nespěchají, zatímco jiní jako by jen popadli, **co se** dá, a co nejrychleji zamířili k pokladně. Jsou i tací nakupující, kteří se zdají být více zaujati telefonováním nebo psaním SMS zpráv než skutečným prohlížením zboží! Bez ohledu na to, jaký typ nakupujícího jste, se zdá, že si každý užívá nakupování ve výloze - i když si vlastně nic nekoupí. Je prostě něco,

Att shoppa

Jag älskar att **shoppa** i köpcentret. Det är alltid så roligt att gå runt och titta på alla olika butiker. Det finns något för alla i köpcentret, och det är alltid ett bra ställe att hitta erbjudanden på kläder, skor och accessoarer. Jag **brukar** börja min shoppingtur med att gå genom köpcentrets **huvudentré.** Därifrån går jag först till mina favoritbutiker. Efter att ha tittat igenom dessa butiker går jag runt och ser om det pågår någon rea på andra ställen. Det slutar oftast med att jag tillbringar ett par timmar i köpcentret innan jag slutligen gör mina inköp. Jag gillar alltid att ta god tid på mig när jag shoppar **eftersom** jag vill vara säker på att jag får **exakt** det jag vill ha. Dessutom är det bara roligare på det sättet!

Jag tycker alltid att det är så **fascinerande** att titta på folk när jag är i köpcentret. Man kan verkligen få reda på mycket om en person genom hur de handlar. Vissa människor är mycket metodiska och tar god tid på sig, medan andra bara verkar ta **allt** de kan och gå till kassan så fort som möjligt. Det finns också de shoppare som verkar mer intresserade av att prata i mobiltelefon eller sms:a än att titta på varorna! Oavsett vilken typ av shoppare du är verkar dock alla tycka om att fönstershoppa - även om du faktiskt inte köper något. Det är bara något med att titta på alla vackra saker i

co mi dělá radost, když se dívám na všechny ty krásné věci ve **výlohách.** Někdy si představuji, jaké by to bylo, kdybych si mohla dovolit **všechno, co** vidím! Celkově je den strávený nakupováním v obchodním centru jednou z mých nejoblíbenějších zábav. Je to skvělý způsob, jak si odpočinout a uvolnit se, a zároveň si trochu zacvičit (pokud se dostatečně projdete). Navíc je **vždycky** příjemné si čas od času dopřát nové tričko nebo boty!

Měla jsem za sebou **dlouhý** den v práci a konečně jsem měla trochu času pro sebe, tak jsem se rozhodla jít nakupovat do obchoďáku. Potřebovala jsem nějaké nové oblečení na **nadcházející** sezónu. Jakmile jsem vešla dovnitř, uviděla jsem všechna ta jasná světla a nablýskané výlohy. Nejdřív jsem zamířila do svého oblíbeného obchodu a začala si prohlížet regály. Našla jsem si několik hezkých topů a vyzkoušela si je v šatně. Když jsem se na sebe dívala do zrcadla, uslyšela jsem, jak někdo přichází do vedlejší šatny. V hlase jsem poznala jednoho ze svých kolegů. Pozdravily jsme se a začaly si povídat o práci. Po několika minutách jsme oba skončili a šli **každý svou** cestou, ale později jsme na sebe znovu narazili. Pokračovali jsme v rozhovoru a zjistili, že máme společného víc, než jsme si mysleli. Dopili jsme a pak jsme se vydali na noc domů, **vyčerpaní z** dlouhého dne plného nákupů, ale přesto spokojení s našimi nákupy.

skyltfönstren som gör mig glad. Ibland fantiserar jag om hur det skulle vara om jag hade råd med **allt** jag ser! På det hela taget är en dag i köpcentret en av mina favoritsysselsättningar. Det är ett utmärkt sätt att koppla av och varva ner samtidigt som man får lite motion (om man går runt tillräckligt mycket). Dessutom är det **alltid** trevligt att unna sig en ny skjorta eller ett par skor då och då!

Jag hade haft en **lång** dag på jobbet och hade äntligen lite tid för mig själv, så jag bestämde mig för att shoppa i köpcentret. Jag behövde några nya kläder för den **kommande** säsongen. Så fort jag gick in såg jag alla ljusa lampor och glänsande skyltfönster. Jag gick först till min favoritbutik och började bläddra bland hyllorna. Jag hittade några söta toppar och provade dem i omklädningsrummet. När jag tittade på mig själv i spegeln hörde jag någon komma in i omklädningsrummet bredvid mitt. Jag kände igen rösten som en av mina medarbetare. Vi hälsade på varandra och började prata om jobbet. Efter några minuter blev vi båda färdiga och gick **skilda** vägar, men sprang på varandra igen senare. Vi fortsatte att prata och insåg att vi hade mer gemensamt än vi trodde. Vi drack färdigt våra drinkar och gick sedan hem för kvällen, **utmattade** efter en lång shoppingdag men nöjda med våra inköp ändå.

Otázky s porozuměním

1. Kde skladujete nejraději?

2. Jaký je váš oblíbený obchod v nákupním centru?

3. Jak dlouho se obvykle zdržujete v nákupním centru?

4. Co si myslíte o lidech, kteří tráví hodně času v nákupním centru?

5. Co nejraději děláte v nákupním centru?

6. Koupili jste si někdy v obchodě něco, co jste ve skutečnosti nepotřebovali?

7. Jak reagujete, když v obchodním centru vidíte něco, co by se vám opravdu líbilo, ale je to příliš drahé?

8. Viděli jste někdy něco v obchodním centru a přemýšleli jste, kdo by si to koupil?

9. Jaký je váš názor na lidi, kteří se v obchodním centru věnují mobilním telefonům, místo aby si prohlíželi obchody?

Frågor om förståelse

1. Var vill du lagra mest?

2. Vilken är din favoritbutik i köpcentret?

3. Hur länge brukar du stanna i köpcentret?

4. Vad tycker du om människor som tillbringar mycket tid i köpcentret?

5. Vad är din favoritsak att göra på köpcentret?

6. Har du någonsin köpt något på köpcentret när du egentligen inte behövde det?

7. Hur reagerar du när du ser något i köpcentret som du verkligen skulle vilja ha, men som är för dyrt?

8. Har du någonsin sett något i köpcentret och undrat vem som skulle köpa det?

9. Vad tycker du om människor som är upptagna med sina mobiltelefoner i köpcentret i stället för att titta på butikerna?

Na trhu

V sobotu ráno vstávám brzy a chci se dostat na **trh** dřív, než tam bude příliš mnoho lidí. Hodím na sebe nějaké oblečení a vyrazím ze dveří, cestou si vezmu tašky na opakované použití. Během chůze začínám plánovat, co chci na příští týden uvařit. Vím, že chci alespoň jednou **upéct** zeleninu, takže budu muset koupit nějakou kvalitní zeleninu. Chci také uvařit polévku nebo guláš, takže budu muset sehnat i nějaké maso. Musím se podívat, co vypadá dobře, až tam dorazím. Trh je jen pár bloků odtud a já už vidím rozestavěné stánky a **lidi, kteří** se tam mísí.

Přijdu na trh a zamířím rovnou ke stánku se zeleninou. Výběr je nádherný a já si plním tašky nejrůznějšími **čerstvými** produkty. Chvíli si povídám s farmářem a on mi doporučí několik receptů. Těším se, až je vyzkouším. Během nakupování si povídám s **farmáři a poznávám** je i jejich produkty. Když mám všechnu zeleninu, kterou potřebuji, přecházím do oddělení masa. Tady jsem trochu váhavější, protože si nejsem jistá, co chci koupit. Nakonec se rozhodnu pro kuřecí maso, protože je univerzální a dá se použít do různých pokrmů. Kupuji také několik různých kusů masa, přičemž dbám na to, aby bylo hovězí maso krmené trávou a **kuřecí maso z** volného chovu. Řezník byl přátelský muž, vždy veselý,

På marknaden

Jag vaknar tidigt på lördagsmorgonen och är ivrig att ta mig till **marknaden** innan det blir för mycket folk. Jag tar på mig några kläder och går ut genom dörren och tar mina återanvändbara väskor på vägen. Medan jag går börjar jag planera vad jag vill göra för veckan som kommer. Jag vet att jag vill **steka** grönsaker minst en gång, så jag måste köpa grönsaker av god kvalitet. Jag vill också göra en soppa eller gryta, så jag måste köpa lite kött också. Jag får se vad som ser bra ut när jag kommer dit. Marknaden ligger bara några kvarter bort, och jag kan redan se hur stånden står uppställda och hur **folk** rör sig där.

Jag kommer till marknaden och går direkt till grönsaksståndet. Utbudet är vackert, och jag fyller mina påsar med en mängd olika **färska** produkter. Jag pratar med bonden en stund och han rekommenderar mig några recept. Jag är förväntansfull och vill prova dem. Jag pratar med **jordbrukarna** medan jag handlar och lär känna dem och deras produkter. När jag har alla grönsaker jag behöver går jag vidare till köttavdelningen. Jag är lite mer tveksam här, eftersom jag inte är säker på vad jag vill köpa. Till slut bestämmer jag mig för kyckling eftersom det är mångsidigt och kan användas i en mängd olika rätter. Jag köper också

přestože pracoval dlouho. Zabalil mi kuřecí prsa a steak a pak si se mnou povídal o svých víkendových plánech. Rozloučil jsem se s ním a pokračoval v cestě. V mléčném oddělení jsem si ještě vzal vajíčka a sýr.

Na trhu se to hemžilo lidmi, kteří se nemohli **dočkat**, až si budou moci koupit čerstvé produkty a maso, které se zde nabízely. Vzduch byl prosycen vůní česneku a cibule, ozýval se smích a konverzace. Prodíral jsem se davem a vybíral další zboží, které jsem potřeboval na týdenní nákup. Než jsem zamířila k pokladně, naplnila jsem **košík** ovocem a zeleninou, těstovinami a chlebem. Fronta byla dlouhá, ale šla rychle. Nakonec jsem nakoupila poslední **potraviny** a byl čas jít domů. Auto bylo naložené a cesta domů byla dlouhá a únavná. Provoz byl hustý a horko úmorné. Konečně auto vjelo na příjezdovou cestu a úleva byla přímo hmatatelná. V domě byl chládek a klid a po **shonu na** trhu to bylo útočiště. Všechno bylo uklizeno a v domě byl brzy zase obvyklý klid a ticho. Měla jsem vše, co jsem potřebovala, abych mohla připravit **chutné** jídlo pro sebe i pro svou rodinu. Bylo dobré být doma.

några olika köttstycken och ser till att få gräsbetat nötkött och frigående **kyckling**. Slaktaren var en vänlig man som alltid var glad trots de långa arbetsdagarna. Han lindade in mina kycklingbröst och min biff innan han pratade med mig om sina helgplaner. Jag tog farväl av honom och fortsatte min väg. Jag tog också några ägg och ost från mejeriavdelningen.

Marknaden var full av människor som alla var ivriga att få **tag på de** färska råvaror och det kött som erbjöds. Luften var tjock av lukten av vitlök och lök och ljudet av skratt och samtal fyllde luften. Jag tog mig fram genom folkmassan och plockade ut de andra varor som jag behövde till min veckoaffär. Jag fyllde min **korg** med frukt och grönsaker, pasta och bröd innan jag gick till kassan. Kön var lång, men den gick snabbt. Till slut var de sista **matvarorna** inköpta och det var dags att åka hem. Bilen lastades och körningen hem var lång och tråkig. Trafiken var tung och värmen var tryckande. Till slut körde bilen in på uppfarten och lättnaden var påtaglig. Huset var svalt och tyst och det var en fristad efter marknadens liv och rörelse. Allting ställdes undan och huset var snart tillbaka till sin vanliga lugn och ro. Jag hade allt jag behövde för att laga några **goda** måltider till mig själv och min familj. Det var skönt att vara hemma.

Otázky s porozuměním

1. Kam se osoba chystá?

2. Co si chce dotyčný koupit?

3. Kolik tašek má daná osoba?

4. Jak daleko je trh?

5. Co tato osoba právě dělá?

6. Co všechno je na trhu?

7. Kolik lidí je na trhu?

8. Jak dlouho trvalo, než si člověk všechno koupil?

9. Jak se osoba vrátila domů?

10. Co dělal, když se vrátil domů?

Frågor om förståelse

1. Vart är personen på väg?

2. Vad vill personen köpa?

3. Hur många väskor har personen?

4. Hur långt bort ligger marknaden?

5. Vad gör personen just nu?

6. Vad är allt på marknaden?

7. Hur många personer finns på marknaden?

8. Hur lång tid tog det för personen att köpa allt?

9. Hur åkte personen hem?

10. Vad gjorde personen när han eller hon kom hem?

V kavárně

Bylo sychravé **podzimní** ráno a já jsem si domluvila schůzku s kamarádkou Lily v naší oblíbené kavárně na kávu. Zabalila jsem se do teplého kabátu a šály a vyrazila. Ze stromů padalo listí a vzduch byl štiplavý, ale svítilo slunce a slibovalo krásný den. Během chůze jsem **přemýšlela** o tom, jak je dobré mít kamarádku, jako je Lily. Přátelily jsme se už léta, od té doby, co jsme se potkaly na **univerzitě**. Spojovala nás láska ke kávě a trávení času povídáním v kavárnách. I když jsme teď bydlely každá v jiné části města, stále jsme se jednou týdně scházely na kávu. Přišla jsem do kavárny a Lily už tam na mě čekala. Objaly jsme se na pozdrav a pak si objednaly kávu. Našly jsme si stůl u okna a usadily se, abychom si povídaly. **Káva** byla jako vždy výborná a bylo příjemné si s Lily popovídat. Povídaly jsme si o našem týdnu, o naší práci a o našich plánech do budoucna. S Lily se mi vždycky mluvilo tak snadno a měla jsem pocit, že jí můžu říct cokoli. Po chvíli jsme začaly mít hlad a **rozhodly jsme se** objednat si nějaké jídlo.

Objednali jsme si jídlo a našli si místo u okna. Oknem svítilo slunce a vše bylo teplé a veselé. Při jídle jsme si povídali a užívali si prosté potěšení ze vzájemné **společnosti**. V kavárně bylo rušno, ale nepřipadalo mi,

På ett café

Det var en kylig höstmorgon och jag hade bestämt mig för att träffa min vän Lily på vårt favoritkafé för att ta en kaffe. Jag svepte in mig varmt i min kappa och halsduk och gick iväg. Löven höll på att falla från träden och luften hade en liten gnutta, men solen sken och det lovade att bli en vacker dag. Medan jag gick **tänkte** jag på hur bra det var att ha en vän som Lily. Vi hade varit vänner i flera år, ända sedan vi träffades på **universitetet**. Vi hade knutit band till varandra genom vår kärlek till kaffe och genom att tillbringa tid med att prata på kaféer. Även om vi nu bodde i olika delar av staden lyckades vi fortfarande träffas på kaffe en gång i veckan. Jag kom till caféet och Lily var redan där och väntade på mig. Vi kramade varandra hej och beställde sedan våra kaffesorter. Vi hittade ett bord vid fönstret och slog oss ner för att prata. **Kaffet** var utsökt, som alltid, och det var så trevligt att prata med Lily. Vi pratade om vår vecka, våra jobb och våra planer för framtiden. Det var alltid så lätt att prata med Lily och det kändes som om jag kunde berätta allt för henne. Efter ett tag började vi bli hungriga och **bestämde oss för att** beställa lite mat.

Vi **beställde** vår mat och hittade en plats vid fönstret. Solen sken in genom fönstret och fick allt att kännas

že by tam bylo přeplněno. Ve vzduchu byl cítit klid a spokojenost. Když jsme dojedli, ještě chvíli jsme seděli a užívali si klidnou **atmosféru**. Chvíli jsme si povídali o různých věcech, které se nám v životě přihodily. Bylo příjemné si s kamarádkou popovídat a **odpočinout si**. Oknem svítilo slunce a zdálo se, že náš dokonalý den **nemůže nic** zkazit.

Najednou jsem uslyšel hlasitou ránu. Otočil jsem se a uviděl, že stropem propadl nějaký muž a leží před námi na podlaze. Byl **pokrytý** prachem a troskami a vypadal, že je v bezvědomí. Oba jsme s kamarádem byli v šoku, když jsme zírali na muže ležícího na podlaze. Nevěděli jsme, co máme dělat nebo koho zavolat o pomoc. Jen jsme tam tak seděli, zírali na něj a nevěděli, co dělat. Po několika minutách jsem se vzpamatovala a zavolala na tísňovou linku. Operátorka mi řekla, že tam brzy někdo bude. Položila jsem telefon a řekla kamarádce, co jí **operátorka** řekla. Oba jsme tam seděli a čekali na pomoc. Připadalo mi to jako věčnost, ale nakonec **se objevila** sanitka. Záchranáři přispěchali a začali muže ošetřovat. Rychle zjistili, že je zraněný a musí být převezen do **nemocnice**.

varmt och glatt. Vi pratade medan vi åt vår mat och njöt av det enkla nöjet att vara i varandras **sällskap**. Caféet var upptaget, men det kändes inte trångt. Det fanns en känsla av frid och tillfredsställelse i luften. När vi hade ätit upp vår mat satt vi en stund till och njöt av den fridfulla **atmosfären**. Vi pratade en stund om olika saker som hade hänt i våra liv. Det var så skönt att få prata med min vän och bara **slappna av**. Solen sken genom fönstret och det kändes som om **ingenting** kunde förstöra vår perfekta dag.

Plötsligt hörde jag en hög ljudlig krasch. Jag vände mig om och såg att en man hade fallit genom taket och låg på golvet framför oss. Han var **täckt av** damm och skräp och verkade vara medvetslös. Min vän och jag var båda i chock när vi stirrade på mannen som låg på golvet. Vi visste inte vad vi skulle göra eller vem vi skulle ringa efter hjälp. Vi satt bara där och stirrade på honom utan att veta vad vi skulle göra. Efter några minuter kom jag till mig själv och ringde 112. Operatören sa till mig att någon skulle vara där snart. Jag lade på luren och berättade för min vän vad **operatören** hade sagt. Vi båda satt bara där och väntade på att hjälpen skulle komma. Det kändes som en evighet, men till slut **kom** en ambulans. Ambulanspersonalen rusade in och började arbeta med mannen. De konstaterade snabbt att han var skadad och behövde föras till **sjukhus**.

Otázky s porozuměním

1. Odkud se vzal muž, který propadl střechou?

2. Proč je žena se svým přítelem v kavárně?

3. Jaká je oblíbená kavárna obou přátel?

4. Jak dlouho se oba přátelé znají?

5. Jaký je oblíbený nápoj obou přátel?

6. Ve kterém městě žijí tito dva přátelé?

7. Jak často se tito dva přátelé setkávají?

8. O čem si oba přátelé povídají, když se poprvé setkají ve své oblíbené kavárně?

9. Jaké je oblíbené jídlo obou přátel?

10. Proč je tak snadné mluvit s Lily?

Frågor om förståelse

1. Varifrån kommer mannen som faller genom taket?

2. Varför är kvinnan med sin väninna på kaféet?

3. Vilket är de två vännernas favoritkafé?

4. Hur länge har de två vännerna känt varandra?

5. Vad är de två vännernas favoritdryck?

6. I vilken stad bor de två vännerna?

7. Hur ofta träffas de två vännerna?

8. Vad pratar de två vännerna om när de först träffas på sitt favoritkafé?

9. Vad är de två vännernas favoritmat?

10. Varför är det så lätt att prata med Lily?

Plavání

Bazén byl vždy **osvěžujícím** místem a dnes tomu nebylo jinak. Sluníčko svítilo a voda vypadala lákavě. Zhluboka jsem se nadechla, ponořila se a ucítila chladivou náruč vody. Chvíli jsem plavala kolečka, užívala si pohybu a možnosti vyčistit si hlavu. Po chvíli jsem vylezla, osušila se a posadila se na ručník, abych si odpočinula na slunci. Zavřela jsem oči, nechala se unášet **teplem a** cítila, jak se mi uvolňují svaly. Najednou jsem uslyšela šplouchnutí a otevřela oči, abych viděla svou malou sestru, jak **pádluje na** mělčině. Usmála jsem se a chvíli ji pozorovala, pak jsem vstala a šla k ní. Chvíli jsme si povídaly, pádlovaly jsme spolu a užívaly si vzájemné společnosti. Brzy se k nám přidali rodiče a zbytek odpoledne jsme strávili společným plaváním a hraním her. Bylo vždycky moc příjemné trávit čas s rodinou u bazénu. Zdá se, že pobyt ve vodě lidi sbližuje. Možná je to tím, že když jsme ve vodě, jsme si všichni rovni - nemůžeme skrývat své nedostatky nebo předstírat, že jsme něco jiného. Nebo je to prostě proto, že je to zábava! **Ať už je** důvod **jakýkoli**, byla jsem prostě ráda, že jsme se mohli všichni sejít a užít si vzájemnou společnost na tak výjimečném místě.

Slunce mi pražilo do kůže a ve vzduchu byl cítit

Att simma

Poolen var alltid en **uppfriskande** plats att vara på, och idag var det inte annorlunda. Solen sken och vattnet såg inbjudande ut. Jag tog ett djupt andetag och dök ner och kände vattnets svala omfamning. Jag simmade varv ett tag och njöt av motionen och chansen att rensa huvudet. Efter en stund gick jag ut och torkade mig, och satte mig sedan på en handduk för att slappna av i solen. Jag slöt ögonen och lät **värmen** skölja över mig och kände hur mina muskler började slappna av. Plötsligt hörde jag ett plask och öppnade ögonen för att se min lillasyster **paddla** runt i den grunda delen. Jag log och tittade på henne en stund, sedan reste jag mig upp och gick över till henne. Vi pratade lite och paddlade runt tillsammans och njöt av varandras sällskap. Snart anslöt sig våra föräldrar till oss och vi tillbringade resten av eftermiddagen med att simma och spela spel tillsammans. Det var alltid så trevligt att tillbringa tid med familjen vid poolen. Det är **något** med att vara i vattnet som bara verkar föra människor samman. Kanske beror det på att vi alla är lika när vi är i vattnet - vi kan inte dölja våra brister eller låtsas vara något vi inte är. Eller kanske är det bara för att det är roligt! **Oavsett vad** anledningen är så var jag bara glad att vi alla kunde samlas och njuta av varandras sällskap på en så speciell plats.

chlor. Slyšela jsem zvuky dětského smíchu a cákání v bazénu. Ležela jsem na lehátku vedle bazénu, opalovala se a **užívala si** den. Měla jsem zavřené oči a právě jsem se chystala usnout, když jsem uslyšela, jak ke mně někdo přichází. Otevřel jsem oči a uviděl vedle sebe stát ženu. Měla na sobě bikiny a kolem pasu omotaný ručník. Měla dlouhé blond vlasy a modré oči. V ruce držela lahvičku s **opalovacím krémem.** "Nevadilo by ti, kdybych ti namazala záda opalovacím krémem?" zeptala se mě. "Ne, to je v pořádku," řekl jsem a posadil se, aby mi dosáhla na záda. Cítil jsem její ruce na své kůži, když mi nanášela opalovací krém.

Její dotek byl jemný a vůně opalovacího krému uklidňující. Znovu jsem zavřel oči a nechal se uvolnit. Slyšel jsem, **jak** se pohybuje, ale oči jsem neotevřel. Spokojeně jsem ležel na slunci a poslouchal zvuk vln **narážejících** na břeh. Po několika minutách odešla a já otevřel oči. Sledoval jsem ji, jak se vrací ke svému lehátku a bere si knihu. Usadila se do křesla a začala si číst. Znovu jsem zavřel oči a nechal se unášet spánkem. **Zdálo se** mi**,** že plavu v bazénu a dělám kolečka sem a tam. Voda byla osvěžující a chladila mě na kůži.

Solen slog ner på min hud och lukten av klorin låg i luften. Jag kunde höra ljudet av barn som skrattade och plaskade runt i poolen. Jag låg på en solstol vid poolen och njöt av solen och **njöt av** dagen. Jag hade ögonen stängda och skulle precis somna när jag hörde någon komma fram till mig. Jag öppnade ögonen och såg en kvinna stå bredvid mig. Hon hade en bikini på sig och en handduk lindad runt midjan. Hon hade långt blont hår och blå ögon. Hon höll en flaska **solkräm i** handen. "Har du något emot att jag smörjer in din rygg med solkräm?" frågade hon. "Nej, det är okej", sa jag och satte mig upp så att hon kunde nå min rygg. Jag kände hennes händer på min hud när hon applicerade solkrämen.

Hennes beröring var mild och doften av solkrämen var lugnande. Jag slöt ögonen igen och lät mig slappna av. Jag kunde höra **ljudet av att** hon rörde sig, men jag öppnade inte ögonen. Jag var nöjd med att bara ligga där i solen och lyssna på ljudet av vågorna **som slog** mot stranden. Efter några minuter gick hon iväg och jag öppnade ögonen. Jag tittade på henne när hon gick tillbaka till sin solstol och plockade upp sin bok. Hon satte sig i stolen och började läsa. Jag slöt ögonen igen och lät mig glida in i sömnen. Jag **drömde** att jag simmade i poolen och gjorde varv fram och tillbaka. Vattnet var uppfriskande och svalkande på min hud.

Otázky s porozuměním

1. Kde byl vypravěč na začátku příběhu?

2. Co cítí vypravěč, když otevře oči?

3. Co slyší vypravěč, když otevře oči?

4. Čí opalovací krém dává žena vypravěči?

5. O čem vypravěč sní?

6. Proč je pro vypravěče koupání v moři tak zvláštní?

7.Jaký je pocit z vody, ve které vypravěč plave?

8. Co vidí vypravěč, když vyleze z vody?

9. Co udělá žena poté, co na vypravěče nanese opalovací krém?

10. O čem si vypravěč a žena povídají na konci příběhu?

Frågor om förståelse

1. Var befann sig berättaren när han började berättelsen?

2. Vad luktar berättaren när han öppnar ögonen?

3. Vad hör berättaren när han öppnar ögonen?

4. Vems solkräm ger kvinnan berättaren?

5. Vad drömmer berättaren om?

6. Varför är det så speciellt för berättaren att simma i havet?

7.Hur känns vattnet som berättaren simmar i?

8. Vad ser berättaren när han kommer upp ur vattnet?

9. Vad gör kvinnan efter att hon har smörjt in berättaren med solkräm?

10. Vad pratar berättaren och kvinnan om i slutet av berättelsen?

Sekání trávníku

Je deset hodin dopoledne v letní **sobotu** a slunce už nemilosrdně praží. Vydáte se do garáže pro sekačku a máte pocit, že jste **odsouzeni k** těžké práci. Začneš sekat trávník a dáváš pozor, abys jel pomalu a nevynechal žádné místo. Při sekání myslíš na to, jak je příjemné být venku na čerstvém vzduchu. Když začnete sekačku tlačit po trávníku sem a tam, koutkem **oka** zahlédnete souseda. Zamáváte mu a pozdravíte a on vám mávnutí oplatí.

Po pár minutách jste hotovi a jdete k sousedovi na pivo na zahrádku. Je **perfektní** den - není příliš horko a fouká mírný vánek. Sedíte ve stínu stromu, popíjíte pivo a povídáte si se sousedem. Díky takovým dnům si člověk léta váží. Pak **se vydáte** dovnitř na zasloužené pivo. Rozvalíte se na židli na verandě, otevřete plechovku a spokojeně si povzdechnete. Zvuk sekačky ustupuje do pozadí, zatímco vy odpočíváte ve stínu a užíváte si **klidné** chvíle. Pivo chutná po té dřině v horku mimořádně dobře. Už jsem se chystal jít dovnitř, když jsem vedle zaslechl hluk.

Znělo to, jako by někdo plakal. Přestal jsem sekat a přistoupil k plotu, který odděloval naše dvory. Nahlédl jsem přes něj a uviděl sousedku, paní Johnsonovou,

Klippning av gräsmattan

Klockan är 10 på förmiddagen en **sommarlördag och** solen slår redan obarmhärtigt ner. Du går ut i garaget för att hämta gräsklipparen och känner att du är **dömd** till hårt arbete. Du börjar klippa gräsmattan och ser till att gå lugnt och sakta så att du inte missar några ställen. Medan du klipper tänker du på hur bra det känns att vara ute i den friska luften. När du börjar skjuta gräsklipparen fram och tillbaka över gräsmattan ser du din granne ur **ögonvrån**. Du vinkar och säger hej, och han vinkar tillbaka.

Efter några minuter är du klar och går till din granne för att ta en öl med honom i trädgården. Det är en **perfekt** dag - inte för varmt, med en lätt bris som blåser. Du sitter där i skuggan av trädet, dricker din öl och pratar med din granne. Det är sådana här dagar som gör att man uppskattar sommaren. Sedan **går** du in och tar en välförtjänt öl. Du slår dig ner i en stol på verandan, öppnar burken och suckar nöjt. Ljudet från gräsklipparen försvinner i bakgrunden medan du slappnar av i skuggan och njuter av stundens **lugn.** Ölet smakar extra gott efter allt hårt arbete i värmen. Jag skulle just gå in när jag hörde ett ljud i grannhuset.

Det **lät** som om någon grät. Jag slutade klippa och gick

jak pláče na houpačce na verandě. Zavolal jsem na ni, ale neslyšela mě. Přelezl jsem plot a došel k ní. "Paní Johnsonová, jste v pořádku?" Zeptal jsem se. Podívala se na mě se slzami v očích a zavrtěla hlavou. "Ne, nejsem v pořádku," řekla. "Včera mi umřela kočka." Byla jsem v šoku. Nevěděla jsem, co na to říct. Jen jsem tam rozpačitě stála a nevěděla, co mám dělat. Nakonec jsem jí položil ruku na **rameno** a řekl: "Je mi to moc líto, paní Johnsonová. Pokud vám mohu nějak pomoci, dejte mi prosím vědět. " Zavrtěla hlavou a řekla: "Ne, nikdo pro mě **nemůže nic** udělat." "Ne," odpověděl jsem. Pak vstala a odešla do svého domu. Chvíli jsem tam stál a nevěděl, co mám dělat. Pak jsem se vrátil k sekání trávníku. Když jsem skončil, nemohl jsem si pomoct a vzpomněl jsem si na paní Johnsonovou a její kočku.

över till staketet som skiljde våra trädgårdar åt. Jag tittade över och såg min granne, Mrs Johnson, gråta på sin verandagunga. Jag ropade på henne, men hon hörde mig inte. Jag klättrade över staketet och gick över till henne. “Mrs Johnson, mår ni bra?” Jag frågade. Hon tittade upp på mig med tårar i ögonen och skakade på huvudet. “Nej, jag mår inte bra”, sade hon. “Min katt dog i går.” Jag blev chockad. Jag visste inte vad jag skulle säga. Jag stod bara där obekvämt och visste inte vad jag skulle göra. Till slut lade jag min hand på hennes **axel** och sa: “Jag är så ledsen, mrs Johnson. Om det finns något jag kan göra för att hjälpa till, så säg till. “ Hon skakade på huvudet och sa: “Nej, det finns **ingenting som** någon kan göra”. Sedan reste hon sig upp och gick in i sitt hus. Jag stod där en stund och visste inte vad jag skulle göra. Sedan gick jag tillbaka till att klippa min gräsmatta. När jag blev klar kunde jag inte låta bli att tänka på Mrs Johnson och hennes katt.

Otázky s porozuměním

1. Kolik je hodin?

2. Kde osoba seká?

3. Jak se dotyčný cítí?

4. Proč musí člověk sekat pomalu?

5. Jaké je počasí?

6. Co dělá osoba po sečení?

7. Co člověk slyší před odchodem domů?

8. Kdo je s paní Johnsonovou?

9. Proč paní Johnsonová pláče?

10. Co říká osoba paní Johnsonové?

Frågor om förståelse

1. Vad är klockan?

2. Var är personen som klipper?

3. Hur känner sig personen?

4. Varför måste personen klippa långsamt?

5. Vad är det för väder?

6. Vad gör personen efter klippningen?

7. Vad hör personen innan han går hem?

8. Vem är med fru Johnson?

9. Varför gråter fru Johnson?

10. Vad säger personen till fru Johnson?

Stříhání

Už několik týdnů jsem se chtěla nechat ostříhat, ale vždycky jsem to nějak odložila. Ale když byly **Vánoce** za rohem, věděla jsem, že už to nemůžu odkládat. Nechtěla jsem přijít na štědrovečerní večeři s rodinou a vypadat jako zanedbaná troska. A tak jsem se brzy ráno na Štědrý den vydala do salonu. I když bylo brzy, v salonu už bylo plno lidí, kteří **si nechávali** udělat sváteční účes. Zaujala jsem místo ve frontě a čekala, až na mě přijde řada. Konečně jsem se dostala na řadu. Kadeřnice, příjemná žena jménem Jill, se mě zeptala, co chci. "Jen zastřihnout, nic drastického," odpověděla jsem. Jill se pustila do práce a ostříhala mi vlasy. Jak pracovala, začala jsem se uvolňovat. Byl to dobrý pocit, že se o sebe konečně starám. Poslední dobou jsem byla tak zaneprázdněná péčí o všechny ostatní, že jsem své vlastní potřeby nechávala stranou. Ale **teď už** ne. Odteď jsem si na sebe chtěla udělat čas.

Když Jill skončila, podívala jsem se do zrcadla a byla jsem spokojená s tím, co jsem viděla. Moje vlasy vypadaly upravené a vyleštěné - ideální na sváteční setkání. **Poděkovala** jsem Jill a poznamenala si, že se mám vracet častěji. Odteď se budu starat především o sebe. Pustila se do stříhání mých vlasů. Přemýšlela jsem o tom, jak jsem vděčná, že jsem se konečně

Att klippa sig

Jag hade tänkt klippa mig i flera veckor, men på något sätt lyckades jag alltid skjuta upp det. Men med **julen** runt hörnet visste jag att jag inte kunde skjuta upp det längre. Jag ville inte dyka upp till familjens julmiddag och se ut som en slarvig röra. Så tidigt på juldagsmorgonen begav jag mig till salongen. Trots att det var tidigt var salongen redan upptagen med andra människor som **skulle** fixa håret inför julen. Jag tog plats i kön och väntade på min tur. Slutligen var det min tur i stolen. Stylisten, en vänlig kvinna vid namn Jill, frågade mig vad jag ville ha. "Bara en trimning, inget alltför drastiskt", svarade jag. Jill började arbeta och klippte bort mitt hår. Medan hon arbetade började jag slappna av. Det kändes bra att äntligen ta hand om mig själv. Jag hade varit så upptagen den senaste tiden, jag hade sprungit runt och tagit hand om alla andra, att jag hade låtit mina egna behov falla bort. Men inte **längre**. Från och med nu skulle jag ta mig tid för mig själv.

När Jill var klar tittade jag mig i spegeln och var nöjd med vad jag såg. Mitt hår såg snyggt och polerat ut - perfekt för semestermöten. Jag **tackade** Jill och gjorde en **mental** anteckning om att komma tillbaka oftare. Från och med nu kommer jag att ta hand om mig själv först och främst. Hon började arbeta med att klippa

dostala ke svému účesu. Byl to dobrý pocit vědět, že budu na štědrovečerní **večeři** vypadat reprezentativně. Už jsem se nemusela bát, že si mě rodina bude dobírat kvůli mému “zanedbanému” vzhledu. Po několika minutách mě kadeřnice ostříhala a rychle mi vyfoukala vlasy. Podívala jsem se do zrcadla a byla jsem spokojená s tím, co jsem viděla - čistě ostříhaný vzhled, který bude ideální na štědrovečerní večeři. Teď, když jsem měla účes za sebou, jsem se mohla soustředit na to, abych si užila svátky s rodinou. A za to jsem byla ještě vděčnější.

Byl to **osvobozující** pocit a líbilo se mi, jak můj nový účes vypadá. Když jsem zaplatila za účes, šla jsem domů a začala si balit na cestu. **Nemohla jsem** se dočkat, až svůj nový vzhled předvedu rodině a přátelům. Věděla jsem, že budou překvapeni, až mě uvidí. V den odletu jsem dorazila na letiště s dostatečnou časovou rezervou. Bez problémů jsem prošla bezpečnostní kontrolou a brzy jsem byla na cestě. Jakmile jsem dorazil na místo určení, cítil jsem ve vzduchu vzrušení. Vánoce byly rozhodně ve vzduchu! Na letišti mě přivítala rodina a všichni byli ohromeni mým novým účesem. Několik následujících dní jsme strávili **doháněním restů** a užíváním si vzájemné **společnosti**. Na Štědrý den jsme šli všichni společně do kostela a zpívali koledy. Byly to dokonalé svátky. Jsem moc ráda, že jsem se nechala ostříhat ještě před odjezdem na dovolenou.

mitt hår. Jag tänkte på hur tacksam jag var för att jag äntligen hade hunnit klippa mig. Det kändes bra att veta att jag skulle se presentabel ut till **julmiddagen**. Jag skulle inte längre behöva oroa mig för att min familj skulle retas med mig om mitt “slarviga” utseende. Efter några minuter var stylisten klar med att klippa mitt hår och gav mig en snabb föning. Jag tittade i spegeln och var nöjd med vad jag såg - en ren frisyr som skulle passa perfekt till julmiddagen. Nu när min klippning var avklarad kunde jag fokusera på att njuta av julen med min familj. Och det var jag ännu mer tacksam för.

Det kändes så **befriande** och jag älskade hur min nya frisyr såg ut. När jag hade betalat för frisyren gick jag hem och började packa för min resa. Jag **kunde inte** vänta med att visa upp min nya look för min familj och mina vänner. Jag visste att de skulle bli förvånade när de såg mig. På dagen för mitt flyg anlände jag till flygplatsen med gott om tid över. Jag gick igenom säkerhetskontrollen utan några problem och snart var jag på väg. Så snart jag kom fram till min destination kunde jag känna spänningen i luften. Julen låg definitivt i luften! Min familj var där för att välkomna mig på flygplatsen, och de var alla förvånade över min nya frisyr. Vi tillbringade de närmaste dagarna med att **prata** och njuta av varandras **sällskap**. På julafton gick vi alla till kyrkan tillsammans och sjöng julsånger. Det var en perfekt semester. Jag är så glad att jag klippte mig innan jag åkte på semester.

Otázky s porozuměním

1. Co musel hlavní hrdina udělat před Vánocemi?

2. Jak se hlavní hrdinka cítila, když se o sebe starala?

3. Kdo ostříhal hlavnímu hrdinovi vlasy?

4. Proč se rodina hlavní hrdinky chystala ji škádlit?

5. Jak se hlavní hrdinka cítila po ostříhání?

6. Co udělala hlavní hrdinka poté, co se nechala ostříhat?

7. Jaká byla reakce rodiny hlavní hrdinky na její sestřih?

8. Co dělal hlavní hrdina na Štědrý den?

9. Čím byl zážitek hlavního hrdiny výjimečnější?

10. Co by se stalo, kdyby se hlavní hrdina nenechal ostříhat?

Frågor om förståelse

1. Vad måste huvudpersonen göra före jul?

2. Hur kände huvudpersonen för att ta hand om sig själv?

3. Vem klippte huvudpersonens hår?

4. Varför skulle huvudpersonens familj retas med henne?

5. Hur kände sig huvudpersonen efter att ha klippt sig?

6. Vad gjorde huvudpersonen efter att ha klippt sig?

7. Hur reagerade huvudpersonens familj på hennes frisyr?

8. Vad gjorde huvudpersonen på julafton?

9. Vad gjorde huvudpersonens upplevelse mer speciell?

10. Vad skulle hända om huvudpersonen inte klippte sig?

Park

Slunce zapadalo a park byl prázdný. Seděla jsem na lavičce a čekala na svého **přítele**. Měly jsme se tu sejít už před hodinou, ale ona vždycky chodila pozdě. Když už jsem to chtěla vzdát a jít domů, uviděla jsem ji, jak ke mně běží. “Je mi to tak líto,” zaúpěla, když došla k lavičce. “Můj vlak měl **zpoždění.**” “To je v pořádku,” řekla jsem **shovívavě**. “Právě jsem sem přišel.” Chvíli jsme si sedli a povídali si, abychom se navzájem seznámili se svým životem od našeho posledního setkání. Konverzace plynula **snadno a** zdálo se, jako by od našeho posledního setkání neuplynul vůbec žádný čas. Se západem slunce jsme se rozloučili a vydali se každý svou cestou. Příště jsme se setkali v jiném parku. Opět měla zpoždění, ale mně to nevadilo. Bylo příjemné mít někoho, s kým si můžu povídat a kdo mi **rozumí.** Mluvili jsme o svých snech a **touhách, o** věcech, které bychom chtěli v životě dělat. Ona mi vyprávěla o svých plánech procestovat svět a já se podělil o svůj sen stát se spisovatelem. Když slunce zapadlo do dalšího dne, znovu jsme se rozloučili a slíbili si, že tentokrát zůstaneme v kontaktu.

Roky plynuly a naše **přátelství** zůstalo pevné, i když jsme teď žili každý v jiné části země. Udržovali jsme kontakt prostřednictvím dopisů a příležitostných telefonátů a vzájemně si sdělovali novinky ze života.

Parken

Solen höll på att gå ner och parken var tom. Jag satt på bänken och väntade på min **vän**. Vi hade planerat att träffas här för en timme sedan, men hon var alltid sen. Precis när jag höll på att ge upp och gå hem såg jag henne springa mot mig. "Jag är så ledsen", flämtade hon när hon kom fram till bänken. "Mitt tåg blev **försenat.**" "Det är okej", sa jag **förlåtande**. "Jag kom precis hit själv." Vi satte oss ner och pratade en stund och berättade om varandras liv sedan vi träffades senast. Samtalet flöt **lätt** och det kändes som om det inte hade gått någon tid alls sedan vi sågs sist. När solen gick ner tog vi farväl och gick skilda vägar. Nästa gång vi träffades var det i en annan park. Återigen var hon sen, men det gjorde inget. Det var skönt att ha någon att prata med som **förstod** mig. Vi pratade om våra drömmar och **ambitioner,** saker vi ville göra med våra liv. Hon berättade om sina planer på att resa runt i världen, och jag delade med mig av min dröm om att bli författare. När solen gick ner på en annan dag tog vi farväl ännu en gång och lovade att hålla kontakten den här gången.

Åren gick, och vår **vänskap** förblev stark även om vi nu bodde i olika delar av landet. Vi höll kontakten genom brev och tillfälliga telefonsamtal och delade nyheter från våra liv med varandra. När hon meddelade

Když mi oznámila, že se bude vdávat, nepřekvapilo mě **to** - vždycky byla **dobrodružný** typ. Ale když se mě zeptala, jestli jí půjdu za družičku na svatebním obřadu, který se konal na druhém konci světa, než kde jsem žil... to už mě musela přesvědčovat! Nakonec jsem ale nemohla dopustit, aby se moje nejlepší kamarádka vdávala, aniž bych jí stála po boku, a tak jsem navzdory svým obavám (a po jejím dlouhém přemlouvání!) **souhlasila, že** pojedu s ní, což se nakonec ukázalo jako životní **dobrodružství.**

Konečně nastal den **svatby.** Byla jsem nervózní, ale zároveň jsem se těšila, že budu součástí tak důležitého okamžiku v životě své kamarádky. Obřad byl krásný a ona vypadala šťastně, když říkala svůj slib. **Poté** jsme to oslavili velkou party - vypadalo to, že s ní přišli slavit všichni, které znala! Byl to **kouzelný** den, na který nikdy nezapomenu, a naše přátelství se po tomto dobrodružství jen upevnilo. Teď, po letech, jsme stále v kontaktu. Od našeho prvního setkání jsme **se** obě hodně **změnily,** ale naše přátelství je stejně silné jako dřív. Kdykoli se sejdeme - ať už v parku, nebo na **druhém konci světa -,** máme pocit, jako by vůbec neuplynul čas.

att hon skulle gifta sig blev jag inte **förvånad** - hon hade alltid varit den **äventyrliga** typen. Men när hon frågade mig om jag ville vara hennes hedersbrudtärna vid hennes bröllopsceremoni som ägde rum på andra sidan jordklotet från där jag bodde... det krävdes en del övertalning! I slutändan kunde jag dock inte låta min bästa väninna gifta sig utan mig vid hennes sida, så trots mina farhågor (och efter mycket bön från henne!) **gick** jag **med på** att följa med på vad som visade sig bli sitt livs **äventyr.**

Bröllopsdagen kom äntligen. Jag var nervös, men glad över att få vara en del av ett så viktigt ögonblick i min väns liv. Ceremonin var vacker och hon såg lycklig ut när hon avgav sina löften. **Efteråt** firade vi med en stor fest - det verkade som om alla hon kände hade kommit för att fira med henne! Det var en **magisk** dag som jag aldrig kommer att glömma, och vår vänskap blev bara starkare efter detta äventyr. Nu, flera år senare, håller vi fortfarande kontakten. Vi har båda **förändrats** mycket sedan vi träffades första gången, men vår vänskap är lika stark som någonsin. När vi träffas - oavsett om det är i en park eller på **andra sidan** jorden - känns det som om ingen tid har gått alls.

Otázky s porozuměním

1. Kde se autorka a její přítel poprvé setkali?

2. Proč přišel autorův přítel na schůzku pozdě?

3. O čem si přátelé povídali, když se po letech znovu setkali?

4. Jak se autorka cítila, když se účastnila svatebního obřadu své kamarádky?

5. Popište prostředí svatebního obřadu.

6. Jak se přátelství mezi oběma ženami v průběhu času změnilo?

7. Jaký je autorův sen?

8. Kam má autorův přítel v plánu cestovat?

9. Proč se autorka zdráhala zúčastnit svatebního obřadu své přítelkyně?

Frågor om förståelse

1. Var träffades författaren och hennes vän första gången?

2. Varför var författarens vän sen till mötet?

3. Vad pratade vännerna om när de träffades igen flera år senare?

4. Hur kändes det för författaren att delta i sin väns bröllopsceremoni?

5. Beskriv hur bröllopsceremonin går till.

6. Hur har vänskapen mellan de två kvinnorna förändrats med tiden?

7. Vad är författarens dröm?

8. Vart planerar författarens vän att resa?

9. Varför tvekade författaren att delta i sin väns bröllopsceremoni?

www.ingramcontent.com/pod-product-compliance
Lightning Source LLC
LaVergne TN
LVHW010602160826
845677LV00013B/3221

* 9 7 9 8 3 5 3 1 7 6 1 6 9 *